Xpert.press

Die Reihe **Xpert.press** vermittelt Professionals in den Bereichen Softwareentwicklung, Internettechnologie und IT-Management aktuell und kompetent relevantes Fachwissen über Technologien und Produkte zur Entwicklung und Anwendung moderner Informationstechnologien.

Siegfried Nolte

QVT - Relations Language

Modellierung mit der Query Views Transformation

Springer

Siegfried Nolte
Beethovenstr. 57
22941 Bargteheide
Deutschland
siegfried.nolte@alice-dsl.net

Xpert.press ISSN 1439-5428
ISBN 978-3-540-92170-7 e-ISBN 978-3-540-92171-4
DOI 10.1007/978-3-540-92171-4
Springer Dordrecht Heidelberg London New York

Die Deutsche Nationalbibliothek verzeichnet diese Publikation in der Deutschen Nationalbibliografie; detaillierte bibliografische Daten sind im Internet über http://dnb.d-nb.de abrufbar.

Einbandentwurf: KuenkelLopka GmbH, Heidelberg

Gedruckt auf säurefreiem Papier

9 8 7 6 5 4 3 2 1

Springer ist Teil der Fachverlagsgruppe Springer Science+Business Media (www.springer.com)

Vorwort

Warum ein Buch über QVT Relations Language?

Dieses Buch beschäftigt sich mit der Transformation von Modellen. Dazu gibt es zurzeit bereits mehrere Mittel und Techniken, die jedoch vorwiegend die Transformation nach Text unterstützen, also die Generierung von Code-Artefakten aus formalen Modellen. Das ist schon etwas, schon ein Stück modellgetriebene Entwicklung. Die Transformation eines Modells, welches in einer grafischen Modellierungssprache erstellt worden ist, in ein anderes, ebenfalls grafisch repräsentiertes, ist bis heute noch die Ausnahme. Im Sinne des von der *Object Management Group* (OMG) veröffentlichten MDA-Konzeptes ist jedoch die Modelltransformation neben der Modellierung von Sachverhalten eine klassische Aktivität der modellgetriebenen Anwendungsentwicklung.

Modellierung erfolgt mit formalen Modellen, mit Modellen, die auf der Basis von Metamodellen formal spezifiziert worden sind – auch dies ein standardisiertes Konzept der OMG. Und die Modellierungssprache UML ist ein Klassiker, der heutzutage aus der Entwicklung von DV-gestützten Anwendungssystemen nicht mehr wegzudenken ist. Anmerken möchte ich an dieser Stelle, dass ich, wenn ich hier und im Weiteren von Standard rede, nicht Standard im Sinne der Normierung und Standardisierung durch ein nationales (DIN, ANSI) oder internationales Institut (ISO) meine. Standard heißt die Spezifikation und Veröffentlichung durch die *Object Management Group*, ein internationales Konsortium, das sich unter Beteiligung verschiedener IT-Unternehmen zusammengetan hat, um objektorientierte Technologien zu standardisieren. Das soll uns soweit reichen. Die Konzepte und Spezifikationen der OMG im MDA-Kontext stehen im Mittelpunkt dieses Buches.

Aber warum nun ein Buch über QVT? Mit Ausnahme der publizierten Spezifikation vom April 2008 gibt es bisher keins. Und die Spezifikation ist als Lehrmaterial meiner Meinung nach nicht brauchbar. Auch in den mir bekannten MDA-Büchern wird kaum oder gar nicht auf QVT eingegangen. Doch QVT ist ja genau das Mittel zur Transformation von Modellen, welches im Rahmen des MDA-

Konzeptes mit der MOF/QVT-Spezifikation Anfang 2008 als Standard herausgegeben worden ist. Diese Lücke will das vorliegende Fachbuch füllen.

Für wen ist das Buch gedacht?

Modellierung von Sachverhalten der realen Welt ist ein wesentlicher Bestandteil des ingenieursmäßigen Software-Entwicklungsprozesses. In der Szene der Entwicklungswerkzeuge ist die modellgetriebene Software-Entwicklung, die neben der Modellierung auch einen generativen Aspekt verfolgt, schon seit langem ein beliebtes Feld, das bereits mit Kompetenz und Erfahrung bedient wird. Mit Together 2006 zum Beispiel hat Borland ein Werkzeug auf den Markt gebracht, welches neben der Modellierung mit unterschiedlichen Modellierungssprachen – UML2, BPMN, SysML etc. – auch Modelltransformation mit QVT *Operational Mappings* unterstützt. Mit der Veröffentlichung des QVT-Standards, sogar schon mit der Vorankündigung, der *Final Adopted Specification*, Juli 2007, gibt es auch andere Hersteller, die QVT-Produkte entwickeln und anbieten. Eins davon, mediniQVT der ikv++ technologies AG, werde ich hier vorstellen und anwenden. Mit mediniQVT, ein Eclipse-basiertes Werkzeug zur Modelltransformation mit der *Relations Language*, sind nahezu alle Beispiele dieses Buches entwickelt worden.

Wie wir sehen, konzentrieren sich die Hersteller von Modellierungsprodukten zunehmend auf die QVT, was sicher auch darin begründet ist, dass sie zumeist ebenfalls in den Gremien der OMG vertreten sind. Ein weiterer interessanter Trend ist, dass das QVT-Konzept auch von der Eclipse *Modeling Tool* Initiative aufgegriffen worden ist und nun auch aus der Szene interessante Lösungen zu erwarten sind, zum Beispiel SmartQVT und QVTO, Transformationswerkzeuge, welche *Operational Mappings* unterstützen. Mit *Operational Mappings* und SmartQVT werde ich mich in einem weiteren Buch befassen.

Aber hier erst einmal die *Relations Language*. Dieses Fachbuch ist als Lehrbuch gedacht, mit dem die Sprache *Relations Language* erlernt und geübt werden kann. Ich habe versucht, das Thema anhand umfassender und ausführlicher Beispiele anschaulich und nachvollziehbar aufzuarbeiten. Grundkenntnisse der Modellierung mit UML, insbesondere im Zusammenhang mit Modellen und Metamodellen, setze ich dabei voraus, Erfahrungen mit höheren Programmiersprachen sind sicher hilfreich.

MDA beschreibt ein Konzept, in dem sich vorwiegend Analytiker und Anwendungsentwickler wiederfinden wie auch, gerade in dem Zweig der Architekturentwicklung, natürlich IT-Architekten. Diese Analytiker- und Entwicklerrollen möchte ich primär ansprechen. Gerade IT-Architekten sollen in die Lage versetzt werden, Metamodelle zu entwickeln und darauf aufbauend Modelltransformationen vorzunehmen. Aber es würde mich freuen, wenn auch Manager von IT-Organisationen wie auch Leiter von IT-Entwicklungsprojekten einige interessante Eindrücke und Erkenntnisse aus dem Buch entnehmen könnten, insbesondere was die Einordnung der Modelltransformation in einen modellgetriebenen Entwicklungsprozess bedeutet.

Wie sollte man es lesen?

Das Hauptthema ist natürlich die *Relations Language*. Zuvor gebe ich in einem einführenden ersten Kapitel einen entwicklungsgeschichtlichen Einblick in das Thema der ingenieursmäßigen Software-Entwicklung, um darauf aufbauend eine Einordnung des modellgetriebenen Vorgehens in den systematischen Entwicklungsprozess zu begründen. Daran schließt eine Erläuterung der wesentlichen Begriffe und Akronyme des MDA-Konzeptes an. Im Weiteren erfolgt eine Erläuterung der Architektur des QVT-Ansatzes. Dieser beschreibt drei Transformationssprachen, *Core Language*, *Relations Language* und *Operational Mappings*, die ich kurz vorstellen und im Zusammenhang einordnen werde.

Das zweite Kapitel beschäftigt sich mit Metamodellierung. Wie die Modellierung mit formalen Modellierungssprachen, so ist auch der QVT-Ansatz zur Transformation grundsätzlich metamodellbasiert. Den Sachverhalt möchte ich verdeutlichen; an verhältnismäßig einfachen Beispielen, bei denen ich mich auf die Vorgabe der QVT-Spezifikation stütze, soll die Entwicklung von Metamodellen erläutert werden.

Im dritten Kapitel geht es um die *Relations Language*. Auch diese soll ausgehend von einem sehr einfachen Beispiel, bei dem ich das berühmte `HelloWorld` bemühen werde, erläutert werden. Danach stelle ich die Entwicklungsumgebung mediniQVT vor, mit der alle in diesem Buch vorgestellten Beispiele erarbeitet worden sind. mediniQVT ist ein freies Produkt, das die spezifizierte QVT *Relations Language* sehr konsequent unterstützt und damit für ein Üben mit der *Relations Language* recht hilfreich ist. In dem folgenden Kapitel gehe ich nun formal auf sämtliche Sprachkonzepte ein, um so die Sprache in ihrer Gänze vorzustellen.

Dem folgen mehrere vollständige Beispiele, die ich Schritt für Schritt entwickeln werde, um so die Erarbeitung von Transformationsscripten anhand eines exemplarischen Vorgang zu verdeutlichen, zunächst das Standardbeispiel der QVT-Spezifikation `UML2RDBM` mit den im zweiten Kapitel erarbeiteten einfachen Metamodellen `SimpleUML` und `SimpleRDBM` und anschließend ein umfassendes Projekt auf der Basis der UML2. Zuletzt werde ich einige fortgeschrittene Konzepte erläutern, zum Beispiel die Arbeit mit UML-Profilen, BlackBoxes etc.

Wem bin ich zu Dank verpflichtet?

Auf jeden Fall meiner Familie, zu allererst meinen Eltern Marie Louise und Gerhard, denen es gelungen ist, drei Kindern in einer früher schon wirtschaftlich schwierigen Zeit den Abschluss einer akademischen Ausbildung zu ermöglichen, womit letztendlich der Grundstein für dieses Buch gelegt worden ist. Dann den wichtigsten Frauen in meinem Leben, Konstanze und Christine, die während der Entstehung dieses Buches nicht nur auf einen Teil gemeinsamer Zeit verzichten, sondern auch noch einen Teil ihrer Zeit aufbringen mussten, um sich durch frühe Fassungen des Buches hindurchzuarbeiten. Beide gehören nicht zu dem oben angeführten Leserkreis, doch ihre Kritik und Anregungen waren sehr hilfreich.

Als nächstes natürlich den Personen und Institutionen, die mich bei der Veröffentlichung des Buches unterstützten, zum einen dem Springer-Verlag und zum anderen Frau Monika Riepl von der Letex publishing services oHG. Der Springer-Verlag ist stets – so auch in diesem Fall – bereit, auch neue, manchmal unerfahrene Autoren bei der Veröffentlichung von Büchern zu unterstützen. Und Frau Riepl hat mir behutsam und mit Kompetenz geholfen, eine angemessene Form des Buches zu realisieren.

Und schließlich hat die ikv++ technologies AG mit der Herausgabe des Produktes mediniQVT und der Antwort auf viele Fragen im Forum dazu beigetragen, dass die Beschreibung der Sprachkonzepte mit vielen Beispielen unterlegt und untermauert werden konnte. Für die Beispiele im Kapitel Metamodelle ist das freie UML-Werkzeug TOPCASED eingesetzt worden. Fast alle Abbildungen sind UML-Diagramme, die mit dem Werkzeug MagicDraw der Firma nomagic erstellt worden sind.

Inhaltsverzeichnis

Abbildungsverzeichnis

1 Einführung

1.1 Modellgetriebene Software-Entwicklung – die Geschichte

Die moderne Software-Entwicklung ist zunehmend mit der Aufgabe konfrontiert, immer kompliziertere Anforderungen aus der realen Welt mit immer komplexeren Anwendungssystemen und Software-Lösungen zu unterstützen. Der Entwickler steht dabei grundsätzlich vor zwei Problemen, zum einen dem Beherrschen seiner eigenen komplexen Technologien, zum anderen dem Verstehen der Sachverhalte, Strukturen und Gegebenheiten der realen Welt, mit der er es zu tun hat.

Um diesen grundlegenden Problemen zu begegnen, hat sich im Lauf der Zeit die Einsicht ergeben, den Software-Entwicklungsprozess aus einer Anwendungsprogrammierung herauszuheben und zunehmend nach ingenieursmäßigen Grundsätzen zu gestalten. Das führte in den späten 60er Jahren zu der Definition des Begriffs Software-Engineering [Bau68, Bau93]. Eines der wesentlichen Prinzipien des Software-Engineering ist, sich bei der Entwicklung von Software nicht unmittelbar mit der Programmierung zu beschäftigen, sondern die Sachverhalte und Strukturen der realen Welt über mehrere aufeinander aufbauende Abstraktionsebenen zu betrachten und darzustellen.

Den Ausschnitt der realen Welt, welcher der Gegenstand unserer jeweiligen Betrachtung ist, wollen wir im Folgenden als Fachdomäne bezeichnen. In einer solchen Fachdomäne existiert in der Regel eine Menge von

- Prozessen und Vorgängen, in denen in irgendeiner Weise produziert wird und betriebliche Werte, veräußerbare Produkte geschaffen werden,
- Gegenständen, die Objekte der Prozesse im Rahmen einer betrieblichen Wertschöpfung sind,
- Personen, die als Erfüllungssubjekte mit der Produktion in irgendeiner Weise beschäftigt sind,
- Regeln, Verfahren, räumliche und zeitliche Vorgaben und vieles mehr.

Die Welt des DV-Experten – DV-Welt – ist natürlich eine Domäne an sich mit ebenfalls recht komplizierten Sachverhalten und Gegebenheiten. Setzen wir einmal voraus, dass ein erfahrener Software-Entwickler sich in dieser Domäne auskennt und die Mittel zur Problemlösung beherrscht. Dann bleibt das zweite Grundproblem, die Fachdomäne, die eine DV-gestützte Lösung ihrer Probleme anfordert, zu verstehen, um sie in angemessener Weise mit einem zuverlässigen und leistungsfähigen DV-System zu versorgen. Die konservative Methode hierfür, die sich auch heute noch einer gewissen Beliebtheit erfreut, ist die VHIT-Methode, „Vom-Hirn-ins-Terminal" (Abbildung 1.1).

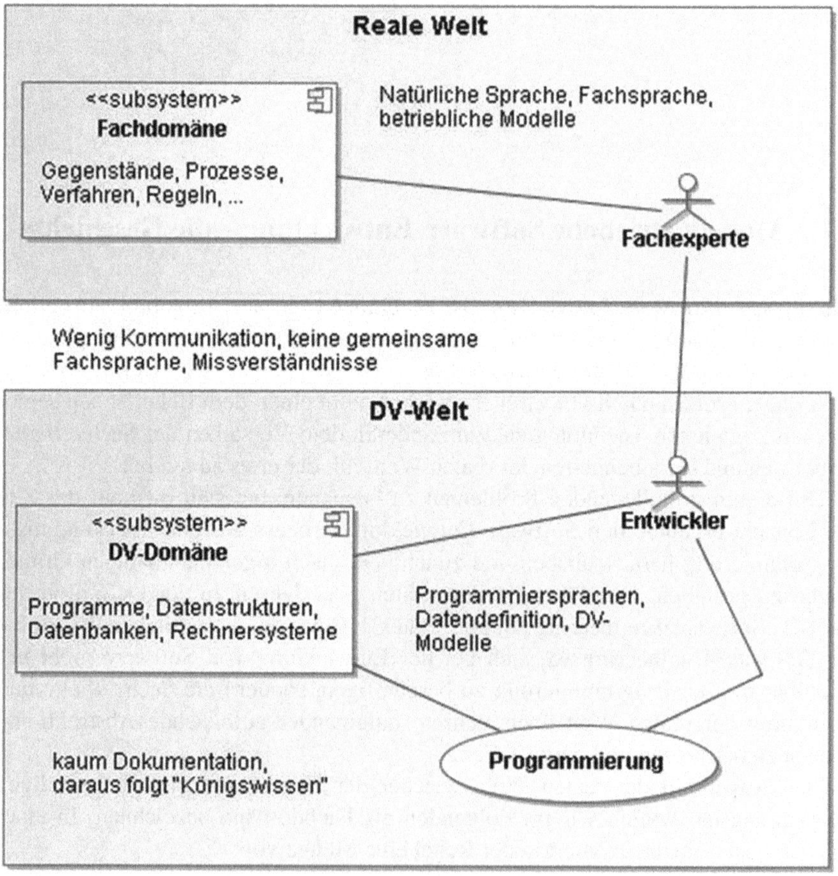

Abb. 1.1: SWE – die konservative Methode

Nehmen wir zum Beispiel die Fachwelt „Wohnungsbaukreditgeschäft“. In dieser Domäne bewegen sich Kreditsachbearbeiter, die Privatpersonen beraten mit der Zielsetzung, sie bei der Finanzierung von privaten Wohneigentumsvorhaben mit Darlehen zu unterstützen. Selbstverständlich ist diese Unterstützung nicht umsonst, sie kostet eine Leihgebühr, einen Zins. Aber das ist ein anderes Thema. Der SW-Entwickler beobachtet die Fachdomäne, erfragt fachliche Sachverhalte im Rahmen der Finanzierungsberatung der Darlehensvergabe, notiert die Erkenntnisse und setzt sie unmittelbar um.

Diese Herangehensweise ist prompt und schnell und kann bei wenig komplexen Anforderungen noch einigermaßen die gewünschten IT-Leistungen erbringen. Bei komplizierten betrieblichen Vorgängen, wie zum Beispiel der Sachbearbeitungsunterstützung bei Wohnungsbaufinanzierungen, reicht das alleinige Programmieren, also das unmittelbare Umsetzen einer Benutzeranforderung in Code, längst nicht mehr aus, um die fachlichen Anforderungen nachhaltig zu erkennen, zu verstehen und zu erfüllen. Hinzu kommt, dass die Fachleute in ihrer Domäne oft in einer eigenen Fachsprache untereinander kommunizieren, die von Außenstehenden wie z.B. DV-Experten nur schwer oder gar nicht verstanden wird.

Ein weiterer Aspekt ist, dass bei einer unmittelbaren Umsetzung eine spezielle Anforderung zwar schnell und spontan erfüllt sein mag, aber derartige Systeme in der Regel nur schwer zu bedienen und zu pflegen sind, insbesondere dann, wenn das „Königswissen“ des Spezialisten aus irgendeinem Grund verloren gegangen ist. Der erste Ansatz, die Kommunikation zwischen Fachexperten und Entwickler zu verbessern, besteht darin, in gemeinsamen Analysen die fachlichen Anforderungen herauszuarbeiten und in Konzepten festzuhalten (Abbildung 1.2).

Das heißt, die Fachexperten tragen Dokumente und Informationen zu der fachlichen Thematik zusammen, mit denen in oft gemeinsamer Arbeit Fachkonzepte geschrieben werden. Diese Fachkonzepte sind meist in Ermangelung einer gemeinsamen formalen Sprache in Prosa, also in Form von Freitext in natürlicher Sprache, erstellt. Damit gibt es zumindest schon dokumentierte Fakten und Forderungen. Doch die Inhalte sind immer noch unscharf formuliert, ungenau und teilweise missverständlich, insbesondere nachdem einige Zeit verstrichen ist, ohne dass die fachlichen Spezifikationen gepflegt worden sind. Eine ständige zeitnahe Überarbeitung solcher Konzepte und Dokumente findet in der Regel nicht statt.

Mittlerweile ist die gemeinsame Erarbeitung von Konzepten zwischen Fachexperten und IT-Experten aus der Anwendungsentwicklung nicht mehr wegzudenken. Es hat zudem einen intensiven Prozess gegeben, die Sprachen zwischen den Fachwelten durch Formalisierung immer weiter zusammenzubringen.

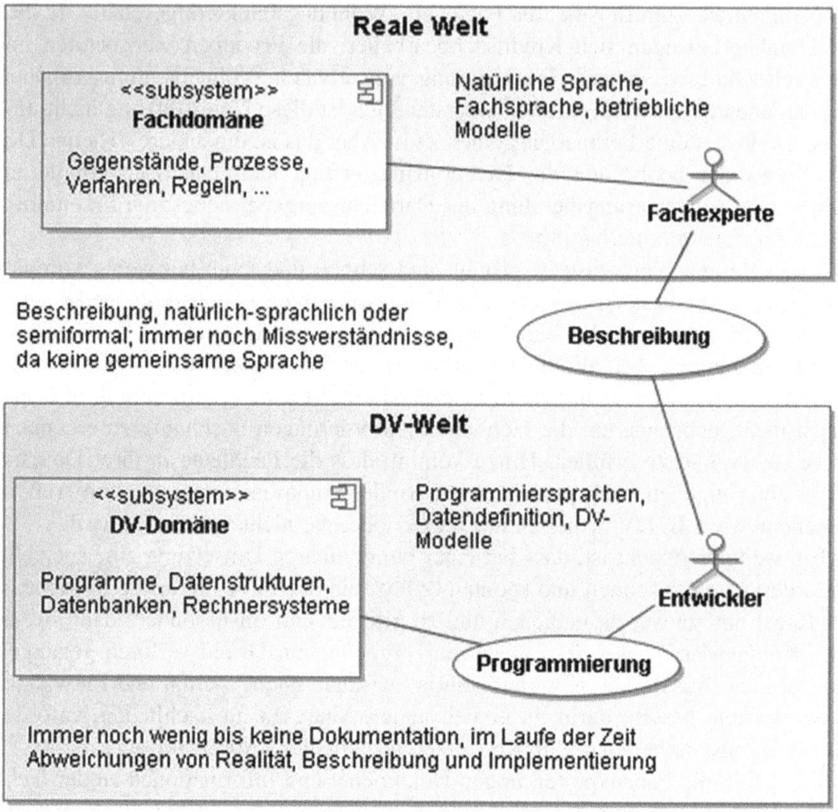

Abb. 1.2: SWE – erste Verbesserung durch Beschreibung

Daraus hat sich im Laufe der Zeit ein genereller modellbasierter Ansatz zur Lösung der Verständnisproblematik und für die Dokumentation der Erkenntnisse entwickelt (Abbildung 1.3). Dieser besteht aus dem Einsatz von zunächst diversen mehr oder weniger formalen, abstrakten Sprachen. Auch in der Fachdomäne selbst werden zunehmend formale Sprachen eingesetzt, um die fachlichen Gegebenheiten und Abläufe in strukturierter und im Fachbereich allgemein verständlicher Form abzubilden, zum Beispiel die Beschreibung von betrieblichen Dingen und Abläufen in Prozessketten [Oes95] oder unter Verwendung der aus der *Business Process Modeling Initiative* [BPMI] hervorgegangenen *Business Process Modeling Notation* [BPMN].

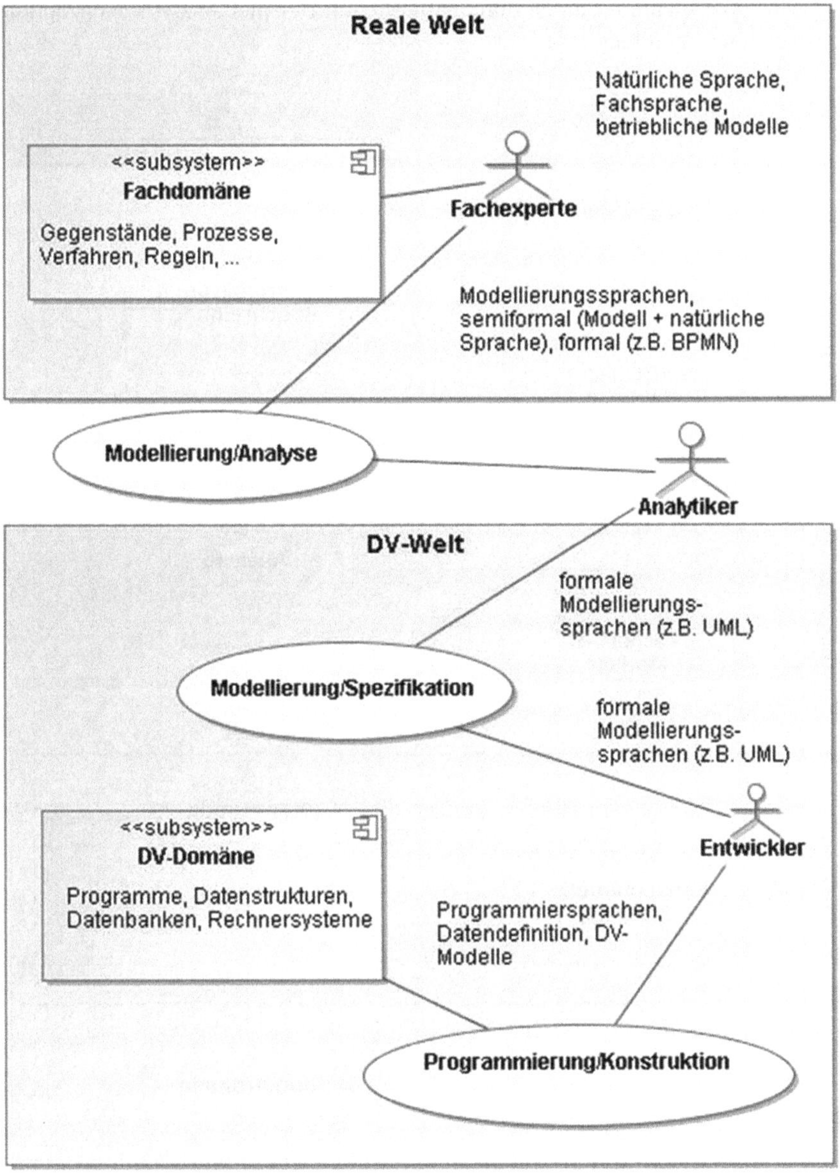

Abb. 1.3: SWE – Analyse, Spezifikation und Implementierung

So ist zu erwarten, dass zum Beispiel von dem Geschäftsprozess des Wohnungsbaukreditgeschäftes eine präzise Darstellung mit all seinen Vorgängen und Abläufen vorliegt. Diese formalen Sprachen sind von einem geschulten Analytiker erlernbar, die Modelle damit verstehbar und vermittelbar. Die weitere Entwicklung wird über mehrere Phasen durchgeführt, zum Beispiel Analyse, Konzeption, Konstruktion (Abbildung 1.4).

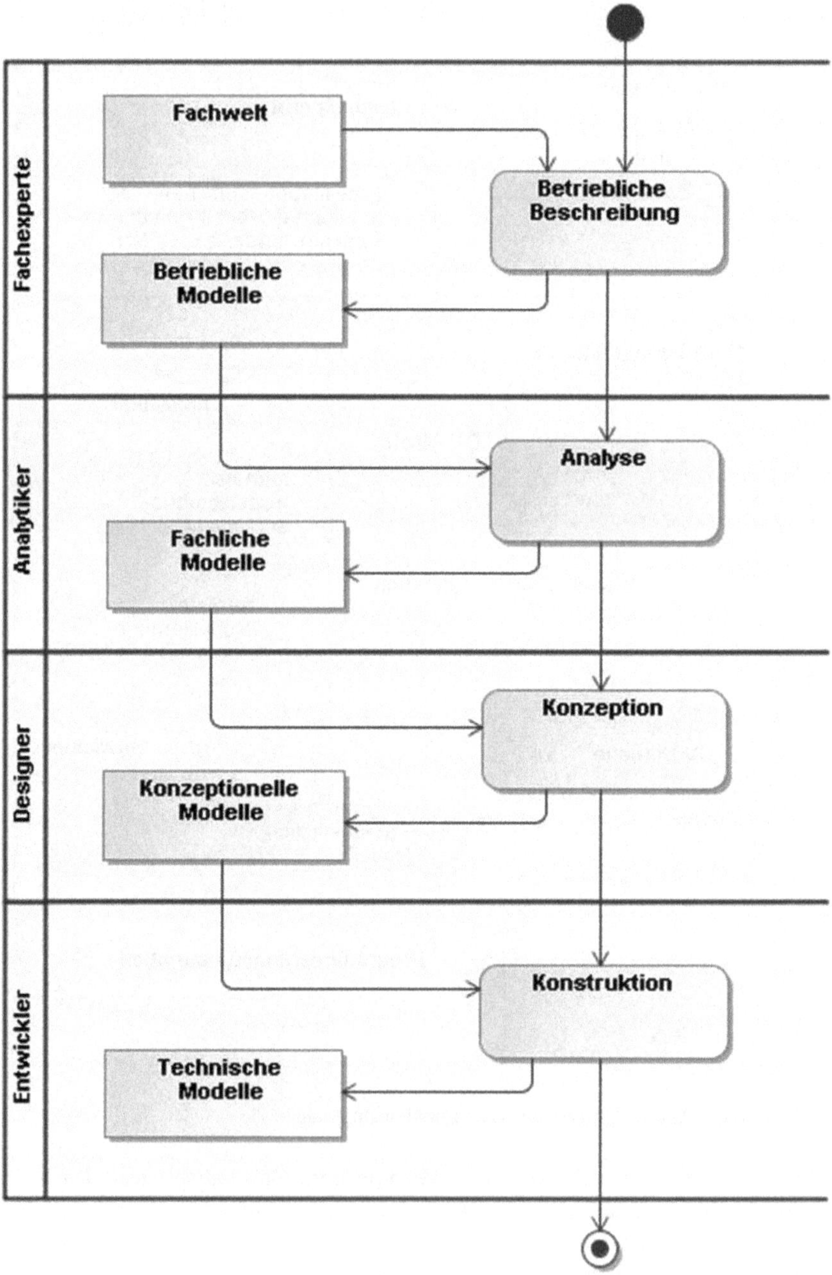

Abb. 1.4: Der klassische Anwendungsentwicklungsprozess

Der Weg von der Realität zur DV-Lösung wird als Abstraktion bezeichnet. Der Fachexperte arbeitet in seiner konkreten Domäne mit weitgehend eigenen domänenspezifischen Fachsprachen und gegebenenfalls auch speziellen formalen Sprachen, mit denen die Fachprozesse beschrieben werden können.

Im Rahmen einer Anwendungsentwicklung erfolgt zunächst eine Analyse der betrieblichen Sachverhalte, die vom Analytiker gemeinsam mit Beauftragten der Fachdomäne durchgeführt wird. Die Beschreibung ist bereits eine erste Spezifikation in einer formalen Form, die vom Analytiker in die DV-Welt hineingetragen werden kann. Auf der Basis der formalen Spezifikation, des Fachkonzeptes, können nun nach und nach weitere Entwicklungsarbeiten über mehrere Abstraktionsebenen bis hin zur Programmierung vorgenommen werden.

Die Ausdehnung der klassischen Software-Entwicklung zu einer modellgetriebenen Software-Entwicklung wollen wir uns nun im nächsten Kapitel im Detail ansehen. In jeder Phase befindet sich ein Experte, der die entsprechenden Fachsprachen seiner Ebene kennt und ein gewisses Grundlagenwissen über die jeweils andere Ebene besitzt. Der reale Sachverhalt und die Gegebenheiten der Fachdomäne werden mehrfach (semi-) formal beschrieben, sodass insgesamt eine verständliche und nachvollziehbare Dokumentation von dem entsteht, was letztendlich implementiert werden soll.

Das soll soweit zur Einstimmung reichen. Das Thema Software-Engineering und systematisches phasenorientiertes Vorgehen ist an anderer Stelle hinreichend beschrieben [Bal00, Boe76, Bow81] und auch in weiteren Büchern und Artikeln, die sich mit Vorgehensmodellen beschäftigen. Im Rahmen dieses Buches möchte ich mich nun mit der Beantwortung der Frage beschäftigen, wie die Phasenübergänge möglichst elegant zu bewerkstelligen sind, um so die Reibungsverluste, die sich im Laufe eines Software-Entwicklungsprozesses ergeben, möglichst gering zu halten. Dazu sollen Transformationstechniken dienen, hier insbesondere die der *Query Views Transformation* (QVT).

1.2 MDA – Model Driven Architecture

Ein Buch über QVT muss mit einem Beitrag über MDA (*Model Driven Architecture*) beginnen, auch wenn über MDA schon viel geschrieben worden ist [Gru06, Pet06, Kle03a, Mel04] und auch wenn über MDA noch mehr Meinungen existieren. MDA wird in diesem Buch sicher nicht im Vordergrund stehen, sondern eben QVT, der Vorschlag der OMG (*Object Management Group*) für die Transformation von Modellen. QVT wie auch MDA sind eng miteinander verbundene Konzepte der OMG. Das eine ist ohne das andere nicht denkbar. Doch an dieser Stelle soll lediglich eine Einblicknahme in die MDA erfolgen; ich werde dieses Thema nur an der Oberfläche berühren, tiefer gehende Erläuterungen finden sich in der angeführten Literatur. In diesem Zusammenhang möchte ich besonders auf die – zugegebenermaßen oft schwierig zu lesenden – Spezifikationen der OMG hinweisen. Ich werde mich in diesem Buch so konsequent wie möglich an den OMG-

Spezifikationen orientieren. Und QVT und MDA sind nicht alles; wir werden noch einiges mehr an „Drei-Buchstaben-Akronymen" kennen lernen, die von der OMG in diesem Zusammenhang genannt werden, zum Beispiel UML (*Unified Modeling Language*), MOF (*Modeling Object Facility*).

Viele andere Werke greifen unter dem Titel MDA das Thema der modellgetriebenen Software-Entwicklung (MDSD) auf [Sta07], welches aber einer ganz anderen Quelle entspringt, der generativen Software-Entwicklung [Cza00]. Um es also gleich vorweg zu sagen, MDA ist modellgetriebene Architekturentwicklung, MDSD ist modellgetriebene Software-Entwicklung. Und das ist, obwohl in beiden Akronymen MD vorkommt, nicht dasselbe. MDSD stellt den Aspekt der ingenieursmäßig ausgeprägten Entwicklung von Software über eine modellgestützte Faktorisierung – gewissermaßen über den Einsatz von softwaretechnischen „Fertigungsstraßen" – in den Vordergrund. Die Modellierung als intellektuelle Leistung durch Anwendung von Methoden und mit geeignetem Handwerkszeug ist eher nachrangig und dient im Wesentlichen der Vorarbeit für den Einsatz von Generator-Frameworks. Das Modell ist mehr oder weniger eine abstrakte Beschreibung als Eingabe für Generatoren, um damit automatisch und generativ Software-Komponenten zu produzieren. Bei der MDA dagegen befinden sich das Modell und die Arbeit an dem und mit dem Modell im Zentrum des Geschehens. Auf MDSD und die damit verbundenen Konzepte und Verfahren, die denen der MDA zum Teil durchaus ähnlich sind, werde ich nicht weiter eingehen. Hier sei insbesondere noch einmal auf [Sta07] verwiesen.

Das letztendliche Ziel ist natürlich grundsätzlich die Erstellung von Code in irgendeiner Form. Die Modellierung und Transformierung von Modellen soll nicht zum Selbstzweck verkommen, sondern am Ende auf der Basis von stabilen Architekturen qualitativ hochwertige Software-Artefakte liefern, zum Beispiel

- Java-Code aus einem *Java Metadata Interface* (JMI) Modell,
- eine Datenbank-Definition aus einem *Entity Relationship* Modell
- EJB-Deskriptoren aus einem EJB-Modell.

Zurzeit wird in der OMG auf der Basis des MOF-Konzeptes an der Spezifikation einer M2T-Templatesprache [M2T] gearbeitet.

1.2.1 Definition der Model Driven Architecture

MDA bedeutet in erster Linie die systematische Entwicklung von stabilen, tragfähigen IT-Architekturen durch Modellierung unter Anwendung von formalen Modellierungssprachen. Die Modellierung erfolgt über mehrere Abstraktionsebenen eines inkrementellen Entwicklungsprozesses, zum Beispiel aus einer fachlichen Ebene bis hin zu einer Implementierungsebene. In jeder Ebene werden die Gegenstände und die Prozesse an ihnen mit geeigneten Mitteln in formalen Modellen dargestellt.

Mit Hilfe von Transformationen werden die in Modellen beschriebenen Sachverhalte aus einer Entwicklungsebene in Modelle einer anderen Entwicklungsebene überführt. Dazu werden formale Architekturschemata eingesetzt, in denen die Transformationsanweisungen spezifiziert sind. Die Abbildung 1.5 zeigt exemplarisch den Anwendungsentwicklungsprozess unter Berücksichtigung von MDA-Aspekten.

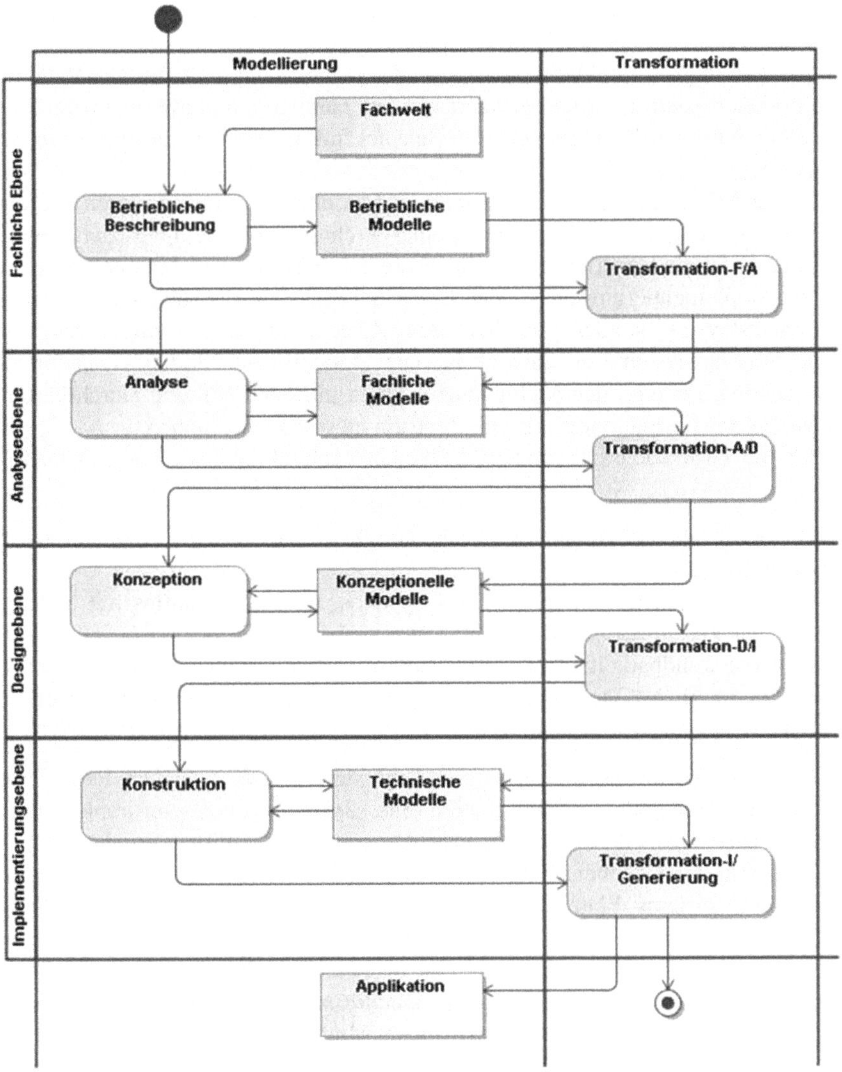

Abb. 1.5: Ein modellgetriebener Anwendungsentwicklungsprozess

Der MDA-Entwicklungsprozess ist demnach eine iterierende Abfolge von Modellierung und Transformation. In den Entwicklungsebenen findet Modellierung statt. Der Übergang von einer Entwicklungsebene zu der folgenden wird jeweils durch eine Transformation der Modelle unterstützt.

Durch Transformation wird nicht nur eine Überführung von Modellen vorgenommen, sondern eine Erzeugung von gültigen Modellen im Sinne einer formalen Modellierung. Ein willkommener Nebeneffekt eines MDA-orientierten Vorgehens ist es demnach, dass bei jedem Phasenübergang, von einer Entwicklungsebene zu einer anderen, unter formalen Gesichtspunkten gültige Ausgangsmodelle übergeben werden. In gewisser Weise kann auch die semantische, sachlogische Validität von Modellen kontrolliert und gewahrt werden, nämlich durch die Ergänzung von formalen Gültigkeitsbedingungen zum Beispiel mit der *Object Constraint Language* (OCL).

Bei der MDA haben das Modell und die Modellierung einen höheren Stellenwert als die Generierung. Im Rahmen einer Architekturentwicklung nach diesem Verständnis ist die Generierung von Software durch Transformation eines Modells auf der Implementierungsebene der letzte Schritt. Selbstverständlich ist MDA nicht Selbstzweck, sondern sie dient dem Zweck, stabile und anforderungsgerechte Softwaresysteme zu entwickeln. Die „Modell-nach-Modell"-Transformation, die Beschreibung der Architekturschemata mit der QVT und Durchführung der Modelltransformationen, wird im Zentrum dieses Buches stehen.

Die drei Grundziele der modellgetriebenen Architekturentwicklung [MDA03] sind:

1. Portabilität, die größtmögliche Unabhängigkeit eines Systems von möglichen Betriebsplattformen,
2. Interoperabilität, die Fähigkeit eines Systems, möglichst nahtlos mit anderen Systemen zusammenzuwirken,
3. Wiederverwendbarkeit, das Qualitätsmerkmal eines Systems, möglichst umfassend in möglichst vielen unterschiedlichen Kontexten verwendet werden zu können.

Der MDA-Ansatz versucht diese grundlegenden Ziele zu erreichen, indem eine konsequente Trennung der Spezifikation eines Systems von dessen Implementierung auf einer speziellen Plattform vorgenommen wird. MDA besteht einerseits aus einer von den Gegebenheiten einer bestimmten Plattform losgelösten Spezifikation eines Systems, Plattformunabhängigkeit (*platform independent modeling*). Auf der anderen Seite erfolgt eine Überführung der Spezifikation auf eine beliebige zugrundeliegende Plattform, wo eine weitere Modellierung unter plattformspezifischen Gesichtspunkten (*platform specific modeling*) erfolgt. Zuletzt wird eine Überführung des plattformspezifischen Modells in die Implementierungsschicht vorgenommen (*implementation modeling*). Man kann bereits erkennen, dass MDA im Sinne der Architekturentwicklung auch ein spezielles Vorgehen beschreibt, so dass es naheliegt, das MDA-Schichtenmodell in einem Vorgehensmodell zu integrieren. Ansatzweise ist das bereits in Abbildung 1.5 zu sehen. Weitere Überlegungen dazu finden sich in [Pet06].

System

Ein System ist ein aus Teilen zusammengesetztes und strukturiertes Ganzes. Systeme haben eine Funktion, erfüllen einen Zweck und verfügen über eine Architektur [IEEE 1471]. Damit können nahezu alle konkreten oder abstrakten „Dinge" subsumiert werden, die eine Struktur haben. Im Kontext der modellgestützten Entwicklung von IT-Systemen interessieren uns natürlich alle betrieblichen oder technischen Systeme, in denen IT-Lösungen eingesetzt werden sollen, wie auch die IT-Systeme selbst, die zur Entwicklung der IT-Lösungen herangezogen werden.

Plattform

Eine Plattform ist eine Ausführungsumgebung für ein Anwendungssystem. Sie stellt dazu spezielle Schnittstellen bereit wie zum Beispiel ein Betriebssystem, ein Datenbanksystem oder die Laufzeitumgebung einer Programmiersprache.

Nach dem Verständnis der OMG ist eine Plattform

> „eine kohärente Menge von Subsystemen und Technologien, die von auf dieser Plattform lauffähigen Anwendungen benutzt werden können. Die Benutzung erfolgt durch die Verwendung genau spezifizierter Schnittstellen und Gebrauchsmuster ohne Kenntnis darüber, wie die über die Schnittstellen angebotenen Dienste implementiert sind".

Die Plattform als Ausführungsumgebung von Anwendungssystemen kann kaskadierend sein. Das heißt, ein auf einer bestimmten Plattform laufendes Anwendungssystem kann selbst wieder Plattform sein für ein anderes System. So ist zum Beispiel das auf der Hardware eines Rechnersystems laufende Betriebssystem eine mögliche Plattform für ein Datenbanksystem und dies wiederum eine Plattform für eine datenbankgestützte Applikation.

Modell

Ein Modell ist die Beschreibung oder Abbildung eines Systems und seiner Umgebung unter einem gewissen Blickwinkel der Betrachtung. (Der Begriff *purpose* der OMG-Definition wird hier mehr in Richtung *aspect* oder *viewpoint* ausgedehnt, vgl. [Gru06].) Ein Modell wird oft, zumindest in frühen Phasen der Anwendungsentwicklung, in einer semi-formalen Weise repräsentiert, bestehend aus grafischen Diagrammen mit erläuternden natürlich-sprachlichen Kommentierungen. Ein Modell beschreibt immer die Sachverhalte einer Realität in einer abstrakten grafischen oder textuellen Form. Modelle können auch als maßstabgerechte Nachbildungen einer Realität repräsentiert sein. Das ist in dem MDA-Kontext allerdings nicht relevant.

Modellierung

Die Beschreibung eines Systems in Form eines Modells wird als Modellierung bezeichnet. Modellierung ist ein zentraler Gedanke des MDA-Ansatzes. Modellierung ist die konkrete Beschreibung der realen Welt beziehungsweise des Ausschnittes der realen Welt, der Domäne, die Gegenstand der aktuellen Betrachtung ist. Modellierung erfolgt in diesem Kontext mit formalen Modellierungssprachen, z.B. der UML (*Unified Modeling Language*).

Architektur

Der nächste wesentliche Aspekt ist der der Architektur und – natürlich – des architekturgetriebenen Vorgehens.

Nach der [IEEE1471] ist Architektur

> „die fundamentale Organisation eines aus untereinander in Beziehung stehenden Komponenten zusammengesetzten Systems und dessen Umgebung. Das System hat eine Ordnung und ist in einer evolutionären Entwicklung entworfen und realisiert."

Das heißt, die Architektur eines Systems besteht aus dem System in seinem Aufbau an sich und aus den diversen abstrakten Repräsentationsformen des evolutionären Entwicklungsprozesses.

Nach dem Verständnis der OMG ist

> „Architektur eines Systems die abstrakte Spezifikation seiner Bestandteile – Parts –, der verbindenden Elemente – Konnektoren – und der Regeln für die Interaktion zwischen den Teilen eines Systems über die definierten Konnektoren".

Die Architektur ist die Spezifikation des strukturellen Aufbaus eines Systems. Das System an sich hat natürlich auch einen Aufbau und ist zusammengebaut aus Komponenten. Das ist aber nicht von Interesse, sondern die Aufbauanweisung, das Schema, die Baupläne oder eben die Spezifikation. Einige Vordenker aus dem Umfeld der objektorientierten Software-Entwicklung gehen sogar so weit, dass Architektur eine strukturelle Sichtweise ist, wie die Dinge zu betrachten sind, wie sie aufgebaut sind, aus welchen Teilen sie bestehen und wie diese zusammenwirken [Coa91a, Boo94, Rum91]. Es geht also zum Beispiel um das, was mit strukturbeschreibenden Sprachmitteln – Klassendiagrammen, Komponentendiagrammen, Kompositionsstrukturdiagrammen etc. – der UML dargestellt werden kann.

Etwas genereller gesehen ist modellgetriebenes Vorgehen das Beschreiben von Fachdomänen in mehreren verschiedenen – strukturbeschreibenden wie auch verhaltensbeschreibenden – Sprachen, das Betrachten der Domänen unter unterschiedlichen Blickwinkeln und auf unterschiedlichen Abstraktionsebenen.

Modellgetriebene Architektur schreibt dazu bestimmte Typen von Modellen vor, die im Rahmen der Architekturbeschreibung eingesetzt werden können, wie diese angewendet werden können und wie die Beziehungen zwischen den verschiedenen Modellen sind.

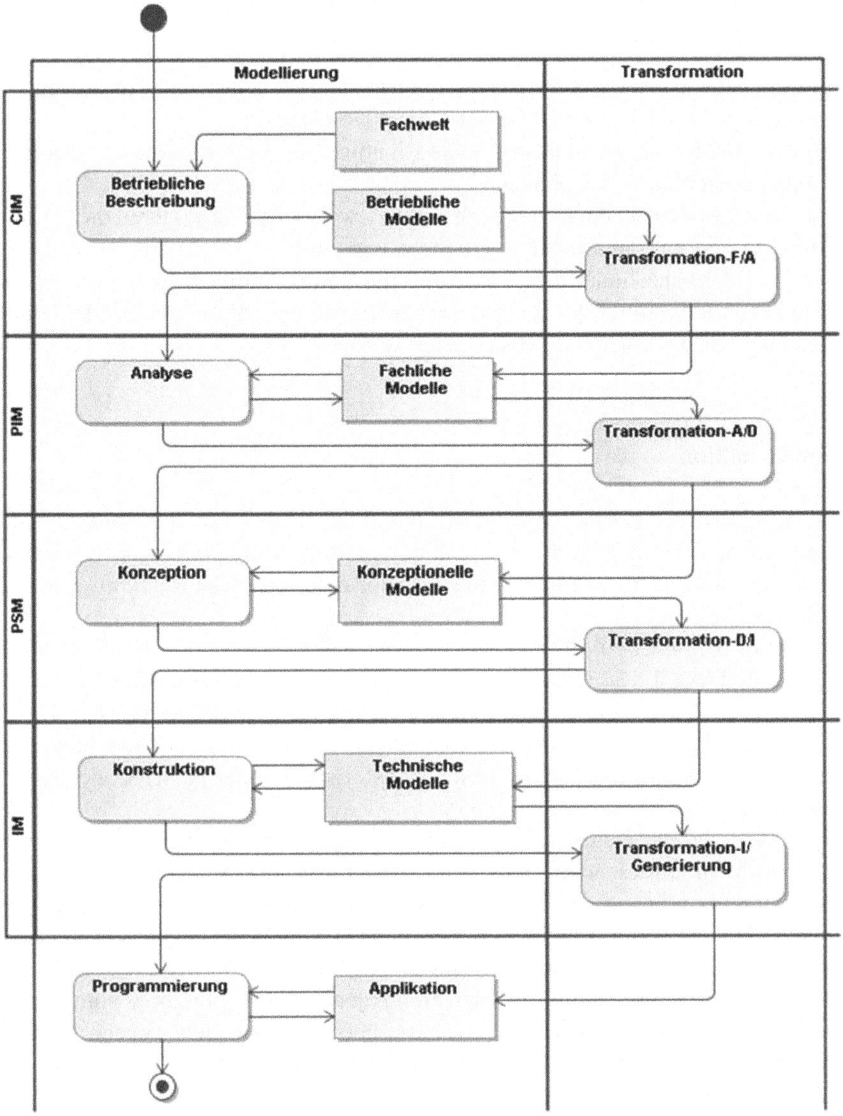

Abb. 1.6: Der MDA-Entwicklungsprozess

Wie wir oben schon erörtert haben, stellt man im Rahmen der Architekturentwicklung Dinge und Sachverhalte z.B. in der Analyse anders dar, als im Entwurf oder in der Konstruktion. Die OMG hat für diesen Aspekt die Betrachtungsebenen CIM (*Computational Independent Model*), PIM (*Platform Independent Model*), PSM (*Platform Specific Model*) und IM (*Implementation Model*) definiert. In der jeweiligen Ebene erfolgt eine Beschreibung der Dinge in unterschiedlicher Abstraktionstiefe (Abbildung 1.6):

- in der CIM-Ebene noch relativ konkret in den Modellen und Kommunikationswelten der Fachexperten der jeweiligen Domäne;
- in der PIM-Ebene schon abstrakter in Richtung Anwendungsentwicklung, aber immer noch plattformunabhängig;
- in der PSM-Ebene noch etwas abstrakter, wobei bereits konkret die spätere Implementierungsarchitektur zugrunde gelegt wird;
- in der IM-Ebene findet die Umsetzung mit den definitiven Sprachmitteln der Implementierungsarchitektur statt, was im Sinne der MDA auch Modellierung ist, nur eben auf einer noch abstrakteren Ebene.

Transformation

Zum Abschluss der Vorstellung von MDA soll der Begriff der Transformation erläutert werden, welcher in diesem Buch natürlich im Mittelpunkt stehen wird, da wir uns ja zum Ziel gesetzt haben, die Transformationssprache *Relations Language* kennenzulernen.

Transformation ist ein Prozess, um ein oder mehrere Modelle eines Systems in ein anderes Modell desselben Systems zu überführen. Transformation kann auch synonym und etwas exakter als Modelltransformation bezeichnet werden. Dagegen ist ebenfalls die Erzeugung von Codeartefakten aus formalen Modellen möglich. Dies wird als „Modell-nach-Text“-Transformation oder besser Codegenerierung bezeichnet.

Die Modelle, die Gegenstand von Transformationen sind, liegen entweder in derselben Abstraktionsebene – CIM-CIM, PIM-PIM – oder in aufeinander folgenden Abstraktionsebenen – CIM-PIM, PIM-PSM. Theoretisch ist auch ein „Überbrücken“ von mehreren Abstraktionsebenen (CIM-PSM) denkbar, praktisch macht es aber keinen Sinn. Theoretisch ist auch ein Rücktransformieren zum Beispiel aus der PSM in die PIM denkbar, in wieweit das jedoch auch praktisch Sinn macht, möchte ich bis auf weiteres der Forschung überlassen. In den meisten Quellen wird Transformation zwischen den Ebenen PIM und PSM veranschaulicht; das macht Sinn und das wollen auch wir tun (siehe Abbildung 1.7).

Dieses Diagramm entspricht der UML-Darstellung des MDA-Transformationspattern, wie es im MDAGuide vorgestellt wird, in Form eines Aktivitätendiagramms. Der Prozess Transformation repräsentiert die Aktivität, die mit dem Vorbereiten, dem Beschreiben und Durchführen der Transformation befasst ist. Je nachdem, welche Variante von Transformation angewandt wird (vgl. [MDA,

Pet06]), sind gewisse Vorgaben erforderlich, die hier unter Architektur/Plattform-Modelle subsumiert sein sollen.

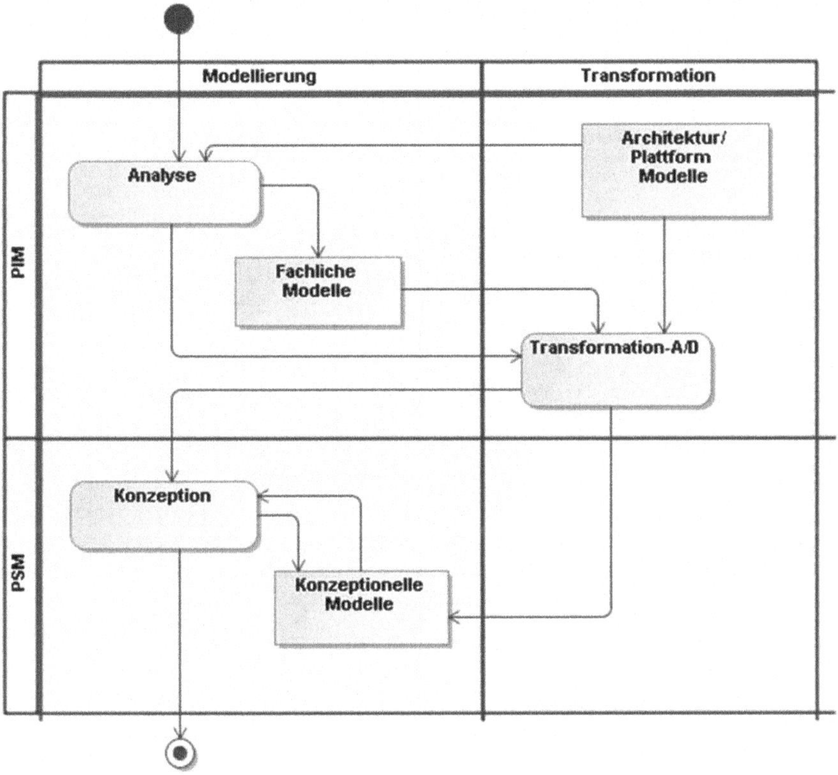

Abb. 1.7: Das MDA-Transformationspattern

Wir werden uns im Folgenden vorwiegend mit dem Metamodell-orientierten Ansatz beschäftigen. Aus dem Grund benötigen wir als Architektur/Plattform-Modelle mindestens die Metamodelle der zu transformierenden Modelle. Exemplarisch zeigt dies die Abbildung 1.8 für eine Transformation eines UML-Klassendiagramms nach einem *Entity Relationship* Datenbankschema.

Ein Beispiel für ein Ergebnis der fachlichen Modellierung ist ein Klassendiagramm, welches sich aus der Analyse von Geschäftsklassen ergeben hat. Das Klassendiagramm liegt als UML-Modell vor. Im Rahmen der Transformation soll das Klassendiagramm in ein konzeptionelles Datenstrukturdiagramm überführt werden. Hierzu wird als Metamodell das *Entity Relationship* Modell [Che66] verwendet. Das Ergebnis der Transformation ist also ein konzeptionelles *Entity Relationship* Datenbankschema.

Das Datenbankschema kann in der konzeptionellen Modellierung weiter bearbeitet werden im Sinne eines konzeptionellen Datenbankdesigns. Die Wahl der physikalischen Datenbank spielt bei diesen Überlegungen noch keine Rolle. Die Modelltransformation soll mit einer QVT-Sprache vorgenommen werden. Eine der Aufgaben im Rahmen der Aktion *Transformation* besteht nun darin, die Metamodelle zu definieren oder zu organisieren.

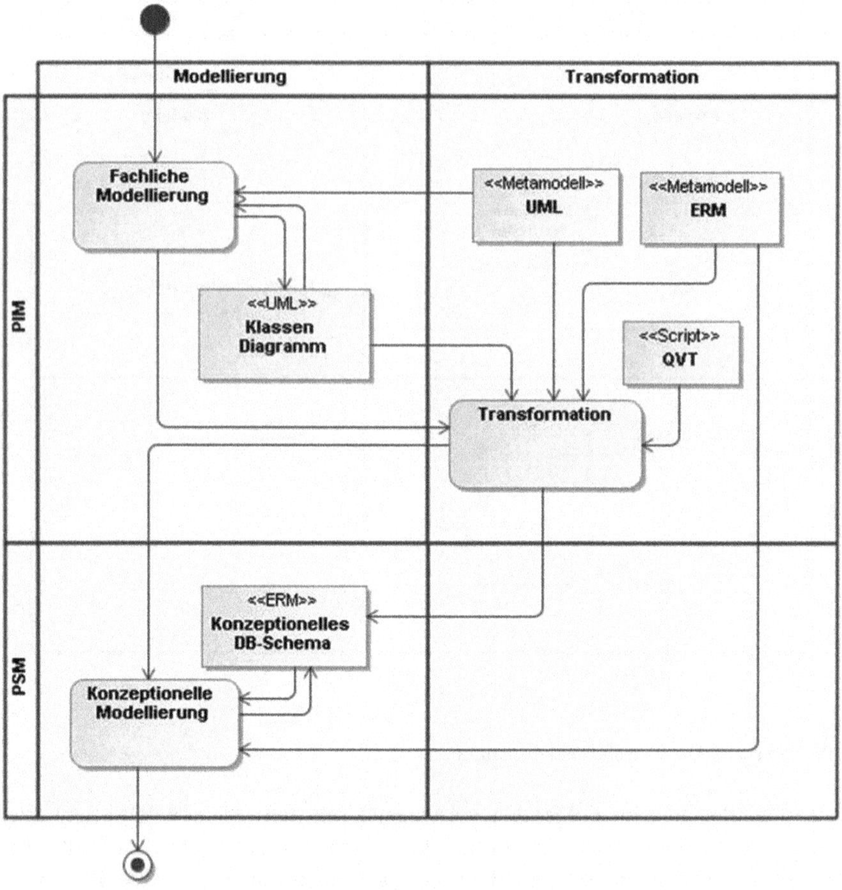

Abb. 1.8: Ein exemplarisches MDA-Transformationspattern

In der Regel existieren die Metamodelle schon in einer grafischen Repräsentation; für die Transformation werden sie allerdings in einer serialisierten Form benötigt. Im Weiteren ist das Schreiben des QVT-Scriptes vorzunehmen, mit dem die Transformation durchgeführt werden soll.

1.2.2 MOF – Modelle und Metamodelle

Das Herstellen und Durchführen der Transformation ist eine klassische Aufgabe eines IT-Architekten. Diese ist verhältnismäßig schwierig bis nahezu unmöglich zu lösen, wenn die vorhergehende Modellierung in nicht-formaler Form erfolgt ist, wenn zum Beispiel die Modelle umgangssprachlich in Form von Prosatexten beschrieben worden sind. Eine wesentliche Voraussetzung für eine modellgetriebene Entwicklung ist also das Vorhandensein von formalen Modellen. Zur Unterstützung der Modellierung und Austauschbarkeit von Modellen hat die OMG im Rahmen der *Meta Object Facility* (MOF) ein Konzept entwickelt, auf der Basis einer Modellierungssprache Metamodelle für andere Modellierungssprachen zu beschreiben [MOF].

Das klingt kompliziert, der Gedanke ist jedoch recht überzeugend. Die Syntax von Modellierungssprachen, deren Aufbau und Struktur, wird mit Hilfe von UML-Klassendiagrammen spezifiziert. Ein derartig entwickeltes Modell für eine Modellierungssprache ist ein Metamodell. Modellierungssprachen, die in dieser Weise beschrieben worden sind, wollen wir als formale Modellierungssprachen oder auch MOF-Sprachen bezeichnen. In der Literatur wird die MOF auch als ein Werkzeug der UML zur Erstellung und Erweiterung von Metamodellen bezeichnet [Gru07]. Beispiele für formale Modellierungssprachen in diesem Sinne sind die UML selbst oder die BPMN (*Business Process Modeling Notation*).

1.2.3 QVT – Query Views Transformation

Die meisten MDA-Konzepte haben wir kennen gelernt. Was Modelle und Metamodelle sind und wie wir Metamodelle bauen und in Betrieb nehmen, ahnen wir auch. Konkreter werde ich hierauf noch einmal im folgenden Kapitel eingehen. Nun ist es langsam an der Zeit, dass wir uns zum Abschluss der Einleitung mit der QVT beschäftigen. QVT ist der – mittlerweile als Standard veröffentlichte – Vorschlag der OMG, im Rahmen des MDA-Konzeptes Transformationen zwischen Modellen vorzunehmen.

- Q – Query – ist die Beschreibung einer Anfrage bezogen auf ein Quellmodell, um den Kandidaten für die Transformation zu ermitteln. Der Kandidat für die Transformation ist entweder das Quellmodell selbst oder ein spezieller Ausschnitt des Modells, welcher durch die Anfrage, die Query, eingegrenzt wird.
- V – View – ist die Beschreibung einer Sicht, wie das Ergebnis im Zielmodell aussehen soll. Zum Beispiel können wir es in einem UML-Quellmodell mit `Packages`, `Classes`, `Attributes` oder `Associations` zu tun haben und im RDBM-Zielmodell mit `Schemas`, `Tables`, `Columns`, `Keys`.
- T – Transformation – ist der Prozess, das konkrete Quellmodel mit der definierten Query zu ermitteln und in das Zielmodell zu überführen.

Das QVT-Prinzip liegt also darin, dass zum einen auf der Basis eines MOF-Metamodells in einem Quellmodell mit Hilfe einer *Query* ein spezielles Teilmodell beschrieben wird. Auf der anderen Seite wird in einem Zielmodell eine bestimmte *View* beschrieben, die es bis auf weiteres noch nicht gibt. Eine *View* ist ein Zielmodell, welches vollständig von einem oder mehreren anderen Quellmodellen abgeleitet wird. Und zum Dritten wird mit Hilfe einer *Transformation* eine Überführung des Quellmodells in die *View*, in das Zielmodell vorgenommen. Mit Transformationen ist es ebenso möglich, die Konsistenz von Modellen zu untersuchen oder gar zu erzwingen.

Damit haben wir wieder das traditionelle EVA-Prinzip, nach dem sich Software-Prozesse wie auch Prozesse grundsätzlich gliedern und beschreiben lassen nach

- Eingabe – ein oder mehrere Quellmodelle
- Verarbeitung – der Transformationsvorgang
- Ausgabe – ein generiertes Zielmodell

Die Beschreibung von Transformationen erfolgt nach dem Vorschlag der OMG

- entweder deskriptiv, das heißt, es werden die Quellmodelle und Zielmodelle beschrieben; es ist Aufgabe eines automatisierten Transformationsprozesses, die korrekte Überführung vorzunehmen;
- oder imperativ, in dem Fall wird der Transformationsprozess beschrieben und das Zielmodell ergibt sich aus einer korrekten Abwicklung der Transformation.

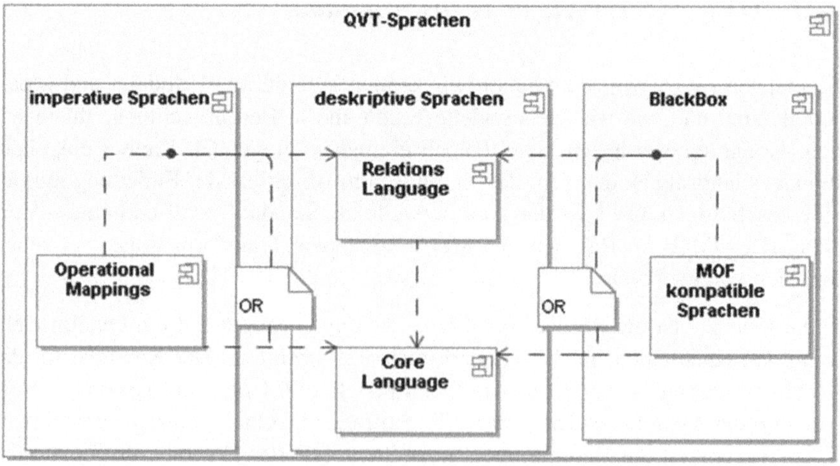

Abb. 1.9: Architektur der QVT-Sprachen

In der Architektur der MOF QVT wird eine Sprache spezifiziert, genauer gesagt ein Tripel von Sprachen – *Relations Language*, *Operational Mapping*, *Core Language* –, mit dem QVT-Scripte in deskriptiver oder imperativer Weise formuliert werden können. (Abbildung 1.9). Bei der *Relations Language* und *Core Language* handelt es sich um deskriptive Sprachtypen, *Operational Mappings* ist eine imperative Sprache. Daneben gibt es die Sprachkomponente BlackBox, dabei handelt es sich um beliebige andere Transformationssprachen. Im Sinne der MOF/QVT-Kompatibilität ist lediglich gefordert, dass die BlackBox-Sprachen auf eine definierte QVT-Sprache abgebildet werden müssen. Die QVT-Sprache ist damit das Laufzeitsystem für die BlackBox-Sprache.

Transformationen können unidirektional oder bidirektional sein.

- Unidirektionale Transformationen sind solche, die nur in eine Richtung erfolgen, die also lediglich aus Quellmodellen ein Zielmodell erzeugen. Zielmodelle können weiter bearbeitet und modifiziert werden, die Änderungen haben aber keine unmittelbare Auswirkung auf das oder die Quellmodelle.
- Bidirektionale Transformationen sind in beiden Richtungen möglich. Es erfolgt eine Kopplung der Modelle, so dass Änderungen vom Zielmodell unmittelbar im Quellmodell nachvollzogen werden.

Deskriptive Sprachen der QVT sind bidirektional, imperative Sprachen unidirektional.

Deskriptive Sprachen

Relations Language

Die *Relations Language* beschreibt in deskriptiver Weise eine Transformation in Form von gültigen Beziehungen zwischen Modellen. Dies geschieht durch Relationen zwischen den beteiligten Modellelementen und der Angabe von Regeln in Form von speziellen Mustern (*Patterns*). Die *Relations Language* ist vom Sprachumfang her relativ mächtig, da neben den Relationen auch Optionen zur Beschreibung von Regeln auf der Basis der kompletten OCL angeboten werden. *Relations Language* ist aufgrund der starken Beziehung zwischen dem Quellmodell (*Query*) und dem Zielmodell (*View*) bidirektional, jede Änderung am generierten Modell schlägt sich auch unmittelbar auf die Quelle der Generierung nieder.

Core Language

Die *Core Language* ist ebenfalls eine deskriptive Sprache, die sich konsequent auf das Prinzip des *Pattern Matching* abstützt. Die *Core Language* ist verhältnismäßig gering im Umfang aber, vollständig im Sinne einer Transformationssprache, so dass jede Modell-nach-Modell-Transformation damit beschreibbar ist. Die *Core*-Sprache ist gewissermaßen das Laufzeitsystem für andere – deklarative wie auch imperative – QVT-Sprachen (*Virtual Machine Analogy*). Mit der *RelationsToCore* Transformation wird die *Relations Language* voll auf die *Core Language* abgebildet.

Imperative Sprachen

Operational Mappings

Die Sprache *Operational Mappings* erlaubt die Formulierung von Relationen und Transformationen mit imperativen Sprachkonstrukten, die denen von bekannten höheren Programmiersprachen ähnlich sind. Die Transformationen zwischen den Modellen werden in Form von *Mapping*-Operationen (*mapping operations*) bezogen auf die Modellelemente beschrieben. Die *Operational Mappings* wird entweder auf die *Relations Language* und darüber auf die *Core Language* oder direkt auf die *Core Language* abgebildet. Damit definiert die *Core Language* auch hier das Laufzeitsystem für die *Operational Mappings*. *Operational Mappings* ist nicht bidirektional, die durch *Mapping*-Operationen herbeigeführten Änderungen auf dem Zielmodell werden im Quellmodell nicht nachvollzogen.

BlackBox

Daneben stellt die OMG ein zusätzliches QVT-Konzept bereit, die *BlackBox*-Sprachen. Hiermit ist anderen, zum Beispiel Herstellern von MDA-Werkzeugen, die Möglichkeit gegeben, sich in das QVT-Sprachschema der OMG einzufügen. Es wird also von Dritten nicht gefordert, dass sie imperative oder deklarative Sprachen im Sinne der QVT-Spezifikation beitragen, damit ihre Produkte als MDA-konform gelten. Es wird aber vorgegeben, dass sich die proprietären Sprachen von Dritten in der Weise in die QVT-Architektur einordnen lassen, dass sie vollständig auf die *Relational Language* oder auf die *Core Language* abgebildet werden, so wie das auch für die QVT Sprachen *Relations Language* und *Operational Mappings* der Fall ist.

1.3 Zusammenfassung und Ausblick

Bisher haben wir uns etwas oberflächlich mit den Ansätzen der MDA im weitesten Sinn beschäftigt. Darunter fallen Konzepte wie

- Spezifikation von formalen Modelltypen (MOF),

- Modellierung mit formalen Modellierungssprachen (UML, SysML, BPML etc.),
- Transformation von formalen Modellen in andere formale Modelle derselben Domäne.

Bei den einführenden Betrachtungen standen sehr konkret die Definitionen und Spezifikationen der OMG im Vordergrund. Es gibt andere Trends und Sichtweisen, zum Beispiel *Model Driven Software Development* (MDSD), dem mehr die Ideen aus der generativen Software-Entwicklung zugrunde liegen.

Im Folgenden werde ich mich tiefergehend mit den Vorschlägen der OMG für eine Transformation beschäftigen, der QVT. Ich werde mich in diesem Buch auf die Sprache *Relations Language* konzentrieren. Zunächst werde ich versuchen, die *Relations Language* von der formalen Seite aus zu vermitteln und sie daran anschließend an einigen Beispielen detailliert ausführen.

Der zweite Ansatz ist von daher pragmatisch, dass ich ihn exemplarisch an einem konkreten Beispiel entwickeln werde. Dabei werde ich das Musterbeispiel der OMG `UmlToRdbm` zugrunde legen. Dies ist auf der einen Seite noch einfach genug und hoffentlich leicht nachzuvollziehen, auf der anderen Seite werden bereits komplexe Konzepte gezeigt wie das Modellieren und Verwenden eigener Metamodelle. Zur Veranschaulichung der Sprachkonzepte werde ich die von der OMG definierten einfachen Metamodelle `SimpleUML` und `SimpleRDBM` heranziehen.

Die *Core Language* wie auch die *Operational Mappings* sollen hier nicht weiter betrachtet werden, obwohl sie für ein tiefer gehendes Verständnis des Transformationsprozesses durchaus interessant sind. In dieser Angelegenheit möchte ich auf die entsprechenden Ausführungen der Spezifikation – Kapitel 8, *Operational Mappings*, Kapitel 9, *The Core Language*, und Kapitel 10, *Relations to Core Transformation* – verweisen [QVT].

Die QVT definiert mit seinen Sprachen ein Konzept für die *Model-To-Model* (M2M)-Transformation. Die *Model-To-Text* (M2T)-Transformation ist eine eigenständige Sprachspezifikation der OMG, welche wie auch die QVT-Spezifikation Anfang 2008 als offizielle erste Version herausgegeben und damit standardisiert worden ist [M2T]. Mit der M2T kann eine *Model-To-Text*-Transformation beschrieben werden, mit der eine Code-Generierung erfolgen kann (Abbildung 1.10).

1.3.1 Hinweise zur Notation

Die formale Beschreibung der Sprachen erfolgt in einer erweiterten Backus-Naur-Form, mit folgenden Abweichungen: In der Backus-Naur-Form steht „[ ]“ für (0..1), also kein oder ein Vorkommen des geklammerten Ausdrucks, und „{ }“ für (0..n), also kein, ein oder mehrere Vorkommen des geklammerten Ausdrucks.

Da die „{ }“ jedoch zu den reservierten Symbolen der Sprache gehören, werde ich folgende Notation verwenden:

- [ ] für (0..1) – ein optionales Vorkommen des geklammerten Ausdrucks,
- $[\ ]^+$ für (1..n) – mindestens ein oder mehrere Vorkommen des geklammerten Ausdrucks,
- $[\ ]^*$ für (0..n) – kein, ein oder mehrere Vorkommen des geklammerten Ausdrucks.

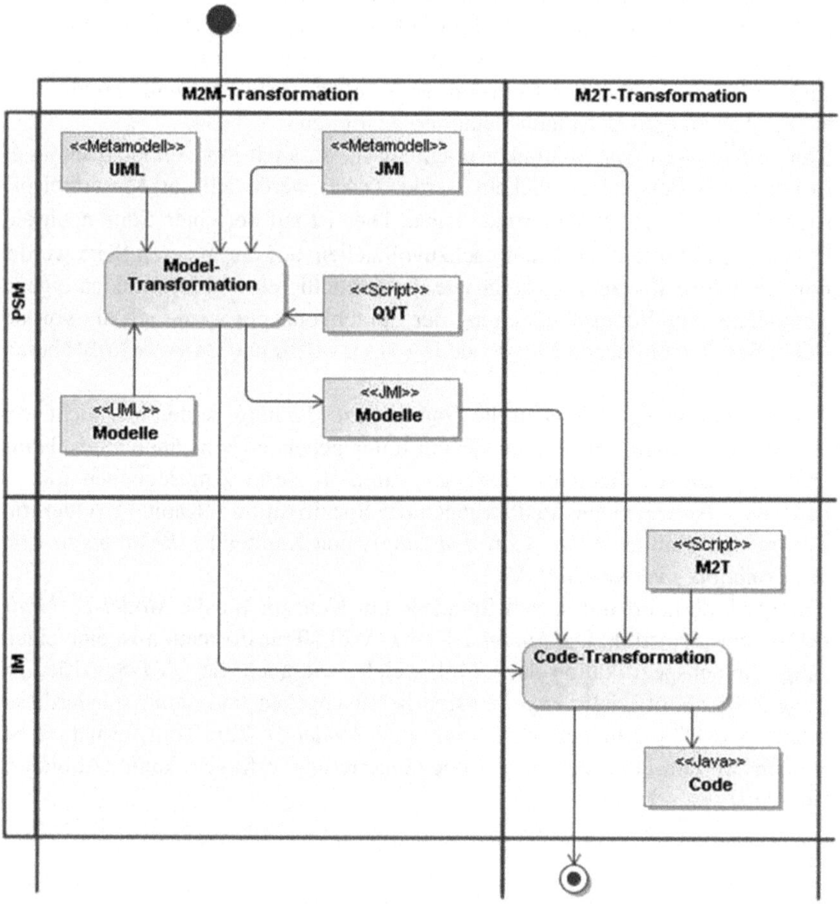

Abb. 1.10: Model-To-Model/Model-To-Text-Abgrenzung

Im Weiteren soll gelten:

- < > – Der so geklammerte Ausdruck wird durch einen anderen Ausdruck oder ein reserviertes Wort ersetzt, zum Beispiel `<top relation expression>` repräsentiert **`top relation`**.

- Wie in den bisherigen Kapiteln werde ich weiterhin *englische Original-Begriffe* aus der Spezifikation kursiv schreiben.
- **`Reservierte Wörter`** werden in fetter Schrift hervorgehoben. Dabei werde ich nicht unterscheiden zwischen reservierten Wörtern von QVT oder OCL, da QVT auf OCL basiert.
- `Namen von Variablen` werden im Text mit einem anderen Schrifttyp geschrieben.
- `Zeichenketten` und `Kommentare` werden in grauer Schrift dargestellt.

1.3.2 Werkzeuge

Zur Erarbeitung und Demonstration der in den folgenden Kapiteln vorgestellten Beispiele sind folgende Werkzeuge eingesetzt worden:

- Eclipse EMF/UML2 und Topcased UML2 für die Erstellung von Modellen und Metamodellen
- mediniQVT [MQVT] für *Relations Language*
- Fast alle Abbildungen dieses Buches sind mit dem kommerziellen Werkzeug MagicDraw. *Standard Edition*, erstellt worden.

Mit Ausnahme von MagicDraw handelt es sich um Werkzeuge, die unter *Public License* als freie und offene Produkte zur Verfügung stehen. MagicDraw gibt es für nicht kommerzielle Einsatzzwecke auch in einer freien *Community Edition.* mediniQVT basiert auf der freien Entwicklungsplattform Eclipse [ECL]. Neben der Basisumgebung sind zudem Komponenten der Eclipse-Modellierungsprojekte *Eclipse Modeling Framework* [EMF] und *Model Development Tools* [MDT] erforderlich. mediniQVT kann außerdem als schlanke und vollständige Eclipse *Rich Client Platform* bezogen werden.

Für die Erstellung der Modelle und Metamodelle können beliebige UML-Werkzeuge verwendet werden; vorausgesetzt wird, dass sie eine Serialisierung der Metamodelle im Eclipse-Ecore-Format unterstützen. Die komplette Architektur der hier verwendeten QVT-Entwicklungsumgebung ist in Abbildung 1.11 dargestellt. Mehr über die Entwicklungsumgebung findet sich auf der Webseite des SimpleMDA-Projektes [SMDA].

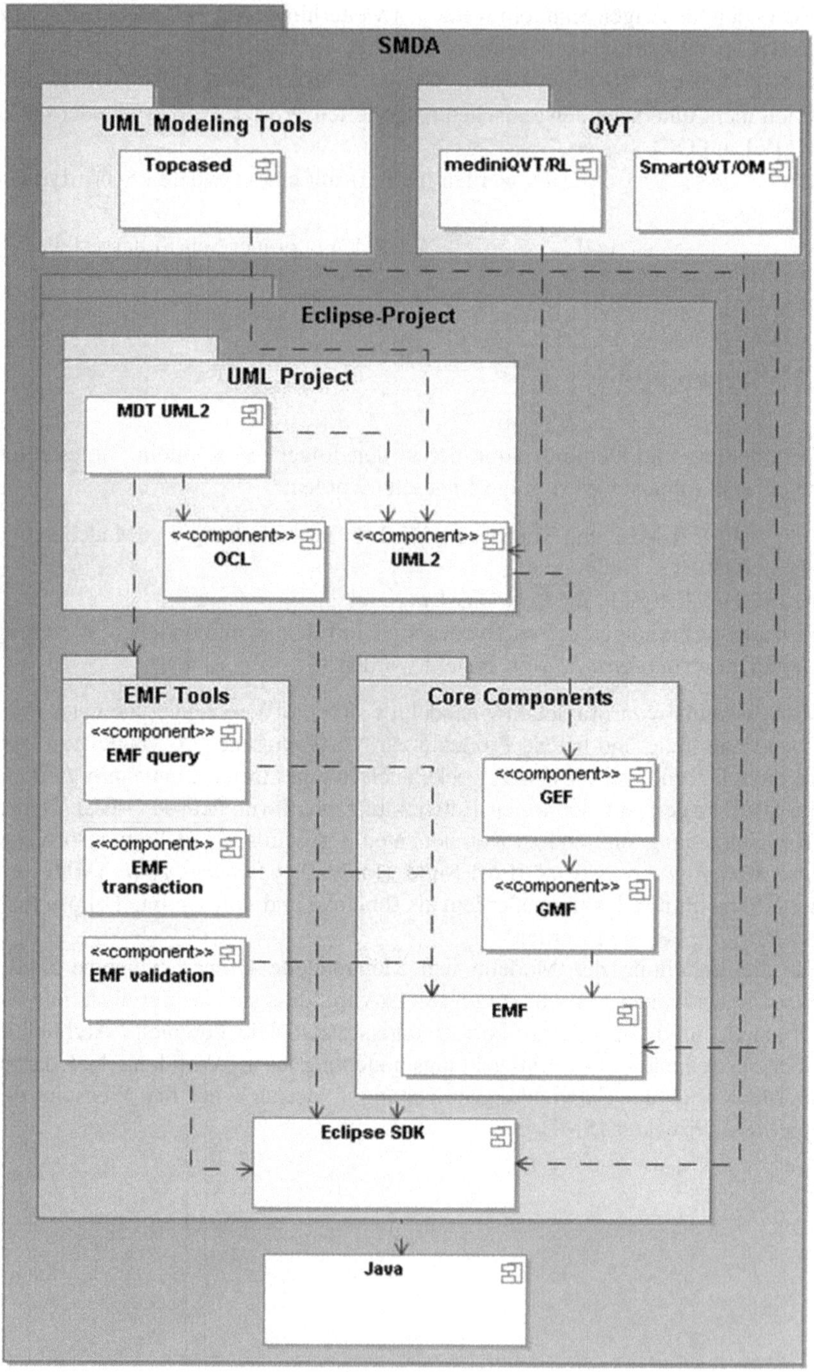

Abb. 1.11: Die Architektur der QVT-Entwicklungsumgebung

2 Metamodelle und ihre Darstellung

Mit dem MDA-Konzept hat die OMG den Prozess der Modellierung in den Mittelpunkt der Software-Entwicklung gerückt. Die Durchführung einer Transformation ist ein weitgehend automatisierbarer Vorgang. Mit Transformationen werden Modelle in den jeweils nachfolgenden Abstraktionsebenen erzeugt, auf deren Grundlage dann weiter abstrahiert, weiter modelliert werden kann. Die intellektuelle Leistung steckt auf der einen Seite im Erkennen von Strukturen und Sachverhalten und im Darstellen in Modellen, auf der anderen Seite muss die Transformation mit entsprechenden Programmen, Transformationsscripten, vorbereitet werden. Dieser Prozess, der auch das Erarbeiten oder Bereitstellen von geeigneten Metamodellen zum Inhalt hat, wird in [Pet06] mit der Erstellung von Architekturmodellen beschrieben.

Eine Modellierungsaktivität wie auch eine Transformation von Modellen stützt sich auf dieselben Metamodelle. Ein Metamodell dient einerseits als formales Modell für die gewählte Modellierungssprache, andererseits repräsentiert es den „Datentyp", besser Modelltyp, für die Modellkandidaten des Transformationsprozesses.

Metamodelle werden nach dem Verständnis der MOF in Form von UML2-Klassendiagrammen definiert. Ein klassisches Beispiel ist das Metamodell für die UML2 selbst. Damit sie für einen systemgestützten Transformationsprozess zur Verfügung stehen können, müssen sie in einer rechnerinterpretierbaren, also serialisierten Notation vorliegen. Dabei sind verschiedene Varianten denkbar.

- Zum einen hat die OMG hierfür das generelle Austauschformat XML *Metadata Interchange* (XMI) definiert.
- Zum anderen ist, da es sich um Klassendiagramme handelt, eine Repräsentation in Datenstrukturen höherer Programmiersprachen möglich.

Als Beispiele werden wir die Metamodelle `SimpleUML` und `SimpleRDBM` entwickeln. `SimpleUML` und `SimpleRDBM` sind – nomen est omen – verhältnismäßig einfache Metamodelle für einerseits einfache UML-Klassendiagramme und andererseits relationale Datenbankmodelle. Die Metamodelle werden hier ausführlich vorgestellt, da sie später zur exemplarischen Erläuterung der QVT-Transformationssprache *Relations Language* herangezogen werden.

2.1 Das Metamodell SimpleUML

Das `SimpleUML`-Metamodell (Abbildung 2.1) ist ein UML-Modell, das zur Modellierung von einfachen Klassendiagrammen dient. `SimpleUML` definiert eine Modellierungssprache für die PIM-Ebene.

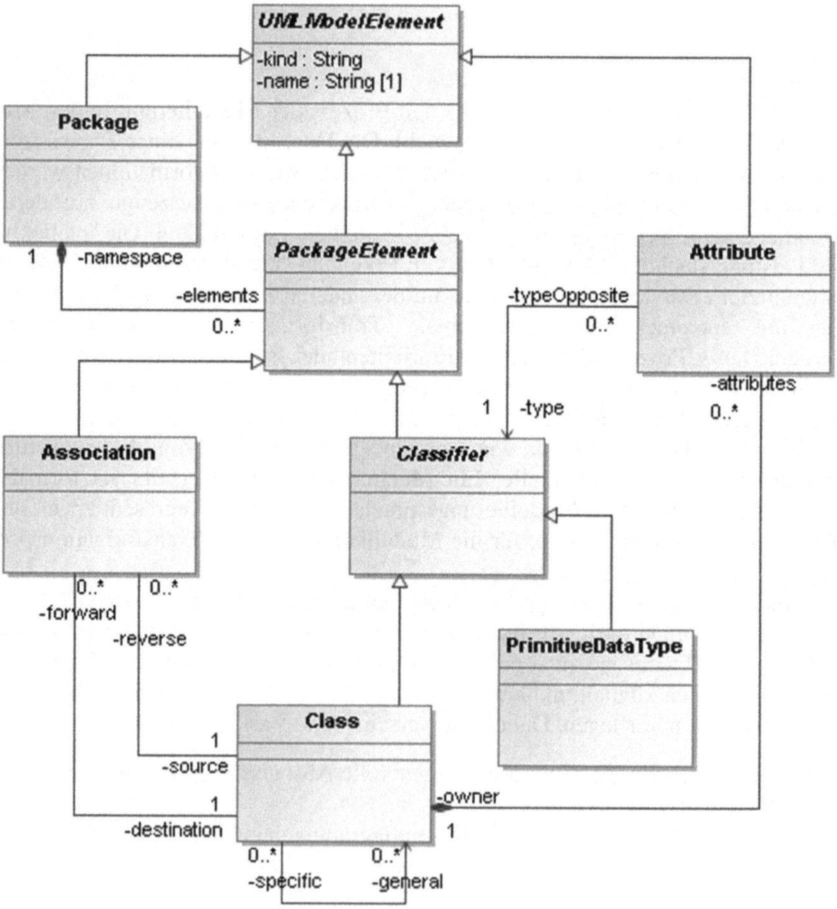

Abb. 2.1: Das Metamodell `SimpleUML` als Klassendiagramm

Es können einfache strukturelle Sachverhalte in Form von Klassendiagrammen abgebildet werden ohne zu berücksichtigen, für welche Datenbankplattformen diese eingerichtet werden sollen oder wie sonst mit den abgebildeten logischen Datenstrukturen verfahren wird.

- Ein `SimpleUML`-Modell besteht aus einer Menge von `UMLModelElements`. Dabei handelt es sich um `Packages`, `PackageElements` oder `Attributes`.
- `Packages` können mehrere Elemente enthalten, dies sind `elements` vom Typ `PackageElement`.
- `Classifier` und `Associations` sind konkrete `PackageElements` und damit ebenfalls `UMLModelElements`.
- Bei `Classifiern` kann es sich um `Classes` oder `PrimitiveDataTypes` handeln.
- Alle Modellelemente `UMLModelElements` haben einen Typ, `kind`, und einen Namen, `name`.
- `name` ist eine frei definierbare Zeichenkette, welche immer einen Wert haben muss.
- `kind` repräsentiert einen bestimmten Typ des Elementes, so können Klassen zum Beispiel „persistent" sein, die Ausprägung von `kind` ist dann „persistent". `kind` muss nicht notwendigerweise einen Wert besitzen.
- `PrimitiveDataTypes` haben einen `kind` mit den möglichen Ausprägungen `Integer`, `Double`, `String` oder `Boolean`.
- `Classifier` können `Attribute` besitzen. Die `Class` ist dann `owner` des `Attributes`.
- `Attribute` müssen einen `owner` haben und es kann nur einen `owner` für jeweils ein `Attribut` geben.
- `Attribute` besitzen stets genau einen `type`, dies ist ein `Classifier`, der entweder eine komplexere `Class` ist oder ein `PrimitiveDataType`.
- `Attribute` vom Typ `Class` sind komplexe `Attribute`; `Attribute` vom Typ `PrimitiveDataType` sind primitive `Attribute`.
- Zwischen den Klassen sind binäre Beziehungen herstellbar, `Associations`, in denen es keine Ordnung zwischen den beteiligten Partnern gibt.
- Ein Partner in der Beziehung ist die `source`, der andere die `destination` der `Association`.
- Darüber hinaus können zwischen Klassen eine oder mehrere Generalisierungsbeziehungen modelliert werden; die Oberklasse ist die generelle – `general` -, die untergeordnete `Class` ist die konkrete oder spezifische Klasse – `specific`.
- `UMLModelElement`, `PackageElement`, `Classifier` sind abstrakte Klassen und treten als solche in `SimpleUML`-Modellen nicht direkt auf. Alle anderen Elemente können in einem `SimpleUML` -Modell vorkommen.

Abbildung 2.2 veranschaulicht das Wohnungsbaukreditgeschäft, welches bereits in der Einleitung als Beispiel herangezogen worden ist, in einem SimpleUML-Modell. In dem Diagramm ist das Geschäft der Immobilienfinanzierung natürlich sehr stark vereinfacht dargestellt.

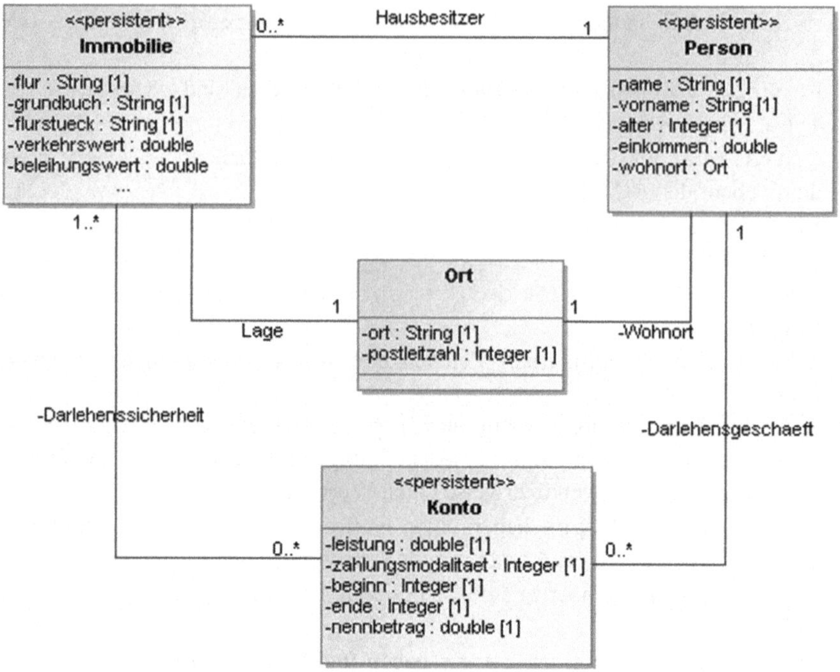

Abb. 2.2: Beispiel eines SimpleUML-Modells

- Eine Person beabsichtigt, eine Immobilie zu erwerben und nimmt dazu als Fremdmittel ein Darlehen auf. Dies wird dargestellt durch die binären Beziehungen Hausbesitzer und Darlehensgeschaeft. Wir wollen bis auf weiteres davon ausgehen, dass es sich um natürliche Personen handelt.
- Personen dürfen in mehreren Darlehensgeschaeften auftreten.
- Personen dürfen mehrere Immobilien besitzen und finanzieren.
- Personen haben einen namen, ein alter und wohnen an einem wohnort.
- wohnort ist von einem komplexen Typ Ort. Dies wird im SimpleUML als Klasse modelliert.
- Die Immobilie ist das finanzierte Wohnungsbauobjekt. Bei der Immobilie interessiert unter anderem, wo sie liegt (grundbuch, flur, flurstueck, lage).
- Die Person des Darlehensnehmers soll der Hausbesitzer der finanzierten Immobilie sein.

- Die `lage` soll möglichst auch der `Wohnort` des Darlehensnehmers sein.
- Die `Immobilie` dient als `Darlehenssicherheit` zur Absicherung des `Darlehensgeschaeftes`.
- In der Klasse `Konto` sind als Attribute die Konditionen der Wohnungsbaufinanzierung dokumentiert wie `nennbetrag`, `leistung` als Summe von Zins und Tilgung, etc.
- Die Ausprägung des Metaattributes `kind` wird durch die Notierungen in den spitzen Klammern (<< >>) angezeigt. Also `Immobilie`, `Person` und `Konto` sind „`persistent`", es soll sich dabei um Kandidaten handeln, die für eine Behandlung im Rahmen der Transformation irgendwie relevant sind. Wie, das werden wir noch sehen.

2.2 Das Metamodell SimpleRDBM

`SimpleRDBM` (Abbildung 2.3) ist das Metamodell für die Zieldefinition der Transformation. Es handelt sich um ein Metamodell der PSM-Ebene; wir wissen zwar noch nicht konkret, welches Datenbanksystem wir als Plattform einsetzen wollen, wir gehen aber davon aus, dass es sich um ein relationales Datenbanksystem handeln wird.

- Demnach bestehen die konzeptionellen Datenbankmodelle aus `Schemas`.
- `Schemas` können `Tables` enthalten.
- Die `Tables` besitzen `Columns`.
- Eine Tabelle kann mehrere `Keys` besitzen, Primärschlüsselattribute, die zur Indizierung und eindeutigen Identifizierung der Tabelleneinträge dienen.
- Der `Key` wird gebildet aus einer Liste von `Columns` der Tabelle.
- Zudem kann es einen oder mehrere `ForeignKeys` geben. Diese referenzieren andere Tabellen, indem deren `Keys` als `ForeignKeys` übernommen werden.
- Alle Elemente eines `SimpleRDBM` sind `RModelElements`. Sie haben einen `name` und einen `kind`. Das Metaattribut `name` muss stets einen definierten Wert besitzen, `kind` nicht.

Abbildung 2.4 zeigt ein Beispiel eines relationalen Datenbankschemas im `SimpleRDBM`-Modell.

- Das `Package` Darlehen_SimpleUML ergibt das Schema `Darlehen_SimpleRDBM`.
- Zu jeder „`persistenten`" Klasse gibt es eine Tabelle im `SimpleRDBM Schema` gleichen Namens.
- Die `Attribute` der Klassen werden zu den `Columns` der Tabelle transformiert, wobei die `Attribute` des komplexen Typs `Ort` in `Person` und `Immobilie` eine Sonderbehandlung erfahren.

- Die Assoziationen werden durch eigene Tabellen im `Schema` repräsentiert. Sie erhalten den Namen der `Association` im `SimpleUML`-Modell.
- Auf Grund bestimmter Transformationsregeln, auf die wir später noch eingehen werden, verfügen die Tabellen über spezielle Columns „`<Tabellenname>_PK`", „`<Tabellenname>_FK`" und „`<Tabellenname>_ID`".

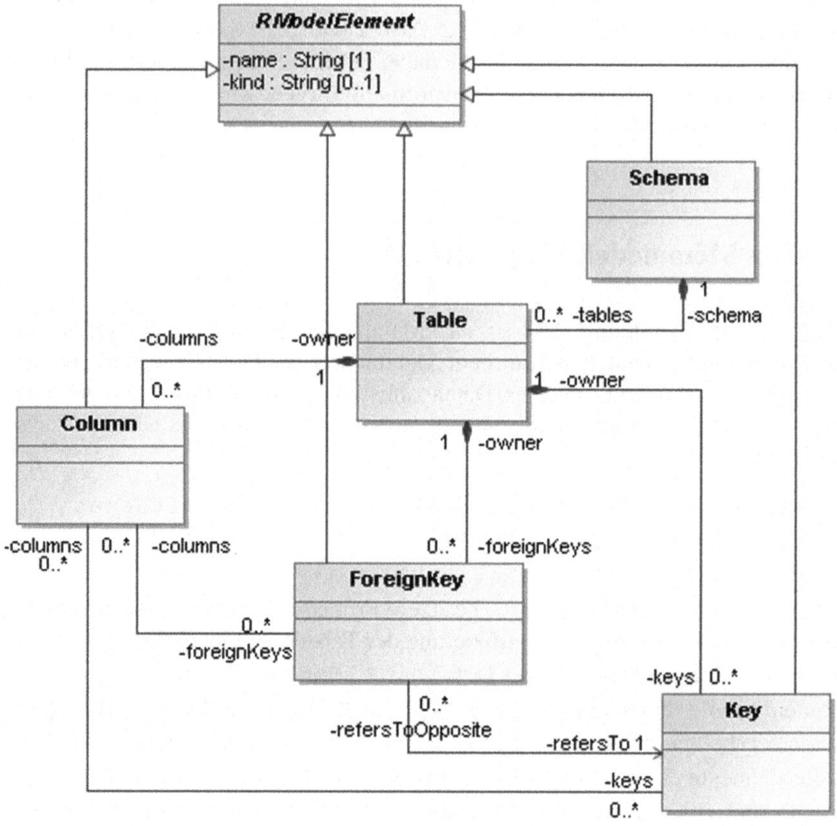

Abb. 2.3: Das Metamodell `SimpleRDBM` als Klassendiagramm

Das obige Modell `Darlehen_SimpleRDBM` ist ein Beispiel, welches im folgenden Kapitel aus dem `SimpleUML`-Modell der Abbildung 2.2 durch Modelltransformation generiert werden wird. Dazu benötigen wir dann auch die Information, ob wir „`persistente`" Klassen betrachten oder nicht. Also dazu später mehr.

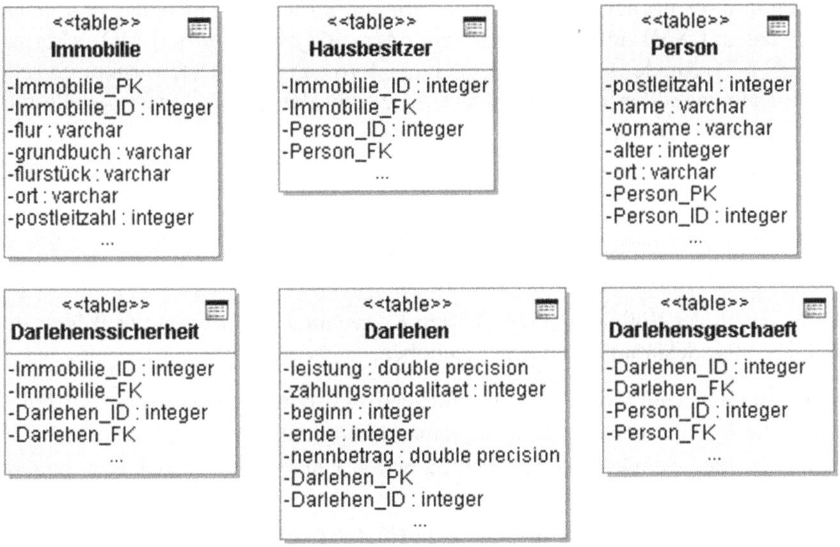

Abb. 2.4: Beispiel eines `SimpleRDBM`-Modells

2.3 Serialisierung der Metamodelle

Die Entwicklung von Metamodellen kann wie oben gezeigt in grafischer Form erfolgen. Bei komplexen Metamodellen wie zum Beispiel denen der Modellierungssprachen UML oder BPMN ist das aus Gründen der Verständlichkeit auch kaum anders möglich. Metamodelle in grafischer Repräsentation sind verstehbar und verhältnismäßig leicht nachvollziehbar. (Das UML2-Metamodell ist gerade kein gutes Beispiel für die einfache Nachvollziehbarkeit von grafisch definierten Metamodellen. Wäre die UML2 allerdings nicht graphisch, sondern textlich spezifiziert, dann wäre sie nur noch für erleuchtete Kreise zu verstehen.)

Der Gedanke, mit Metamodellen eine Grundlage zu schaffen für Modellierungssprachen und für eine formale, systematische Modellierung, ist natürlich von unschätzbarem Wert. Für eine rechnergestützte Weiterverwendung in Hinsicht auf Modelltransformationen sind sie in dieser Form jedoch nicht brauchbar. Wir benötigen Metamodelle in einer serialisierten, rechnerinterpretierbaren Form. Eine mögliche Art der Darstellung ist die in QVT-Datenstrukturen (Listing 2.1). Metamodelle werden auf textlich repräsentierte Pakete und Klassen abgebildet, die sich ähnlich lesen wie Datenstrukturen höherer Programmiersprachen.

Eine andere Form der Darstellung besteht aus einer Abbildung der Datenstrukturen in *Extensible Markup Language* (XML). Die OMG hat für den Austausch von formalen Modellen das XML *Metadata Interchange* (XMI)-Format definiert, eine auf XML aufbauende serielle Beschreibungssprache. Um speziell formale

Modelle in ihrer flachen, textlich repräsentierten Struktur bereitstellen zu können, gibt es das auf XMI aufbauende *Essential Meta Object Facility* (EMOF)-Format (Listing 2.2). Beide seriellen Darstellungsformen, QVT-Datenstrukturen und EMOF-Dateien, sollen im Folgenden am Beispiel der simplen Metamodelle einmal vorgestellt werden.

2.3.1 Die Deklaration der Metamodelle als QVT-Datenstruktur

Gemäß der in der Einleitung eingeführten Konvention sind reservierte Wörter der QVT-Datentypdeklaration fett hervorgehoben.

- Metamodelle sind Pakete namens **metamodel**, deren Komponenten aus Paketen oder Klassen bestehen, die untereinander in Beziehung stehen können.
- Anstelle des Schlüsselwortes **metamodel** kann ebenso **package** benutzt werden.
- Alle anderen Datentypen werden in Form einer **class** deklariert; es handelt sich ja um die serialisierte Darstellung eines UML2-Klassendiagramms.
- **class**-Strukturen können von anderen Klassen erben (**extends**).
- In dem folgenden Beispiel muss man unterscheiden zwischen **class** und `Class`. Einmal handelt es sich um den strukturierten QVT-Datentyp **class**, zum anderen ist es das neu definierte `UMLModelElement Class` unseres `SimpleUML`-Metamodells.
- Beziehungen werden durch Deklaration von Objekten der referenzierten Klasse realisiert (**references**).
- **composes** repräsentiert Kompositionsbeziehungen, **opposites** ist dann die Bezeichnung der jeweils komponierten Struktur.
- Mit dem Merkmal **ordered** wird ein strukturierter Datentyp als geordnete Liste deklariert.

Listing 2.1: Die Metamodelle `SimpleUML` und `SimpleRDBM` als QVT-Datentypen

```
metamodel SimpleUML
{
   abstract class UMLModelElement
   {
      kind : String;
      name : String;
   }
   class Package    extends UMLModelElement
   {
      composes elements:PackageElement [*]
               ordered opposites namespace [1];
   }
```

```
   abstract class PackageElement
                       extends UMLModelElement {}
   class Classifier extends PackageElement {}
   class Attribute  extends UMLModelElement
   {
      references type : Classifier [1];
   }
   class Class      extends Classifier
   {
      composes attribute:Attribute  [*]
               ordered opposites owner [1];
      references general  : Classifier [*] ordered;
   }
   class Association extends PackageElement
   {
      source      : Class [1] opposites reverse [*];
      destination : Class [1] opposites forward [*];
   }
   class PrimitiveDataType extends Classifier {}
}

metamodel SimpleRDBM
{
   abstract class RModelElement
   {
      kind : String;
      name : String;
   }
   class Schema extends RModelElement
   {
      composes tables : Table [*]
               ordered opposites schema [1];
   }
   class Table extends RModelElement
   {
      composes column     : Column     [*]
                            ordered opposites owner[1];
      composes keys       : Key        [*]
                            ordered opposites owner[1];
      composes foreignKey : ForeignKey [*]
                            ordered opposites owner[1];
   }
   class Column extends RModelElement
   {
      type : String;
   }
   class Key extends RModelElement
   {
      references column : Column [*]
                          ordered opposites _key [*];
   }
```

```
    class ForeignKey extends RModelElement
    {
       references refersTo : Key [1];
       references column : Column [*]
                         ordered opposites foreignKey [*];
    }
}
```

2.3.2 EMOF – Datenstrukturen im XMI-Format

Die EMOF-Repräsentationen sind inhaltlich identisch zu den obigen QVT-Metamodelldefinitionen. Zur leichteren Erkennung und besseren Übersicht sind die Namen der Metamodellelemente fett hervorgehoben. Für eine werkzeugbasierte Transformation von Modellen wird häufig diese Form der Repräsentation benötigt; für ein weiteres Verständnis der Sprache QVT ist sie aber nicht unbedingt erforderlich, so dass man eine Auseinandersetzung mit dem EMOF-Konzept und damit das Studium der Code-Abschnitte überspringen darf.

- Das EMOF `Package` repräsentiert das Metamodell mit dem Namen `SimpleUML`.
- Die Metaklassen sind die `ownedTypes` des `Packages`.
- Eine Klasse kann `ownedAttributes` besitzen.
- Mit der Eigenschaft `isAbstract` kann spezifiziert werden, ob es sich um eine abstrakte Metaklasse handelt, ob die Metaklasse also als Instanz in Modellen verwendet werden kann - `isAbstract = "false"` - oder nicht.
- Die Eigenschaft `superclass` einer Metaklasse referenziert, wenn sie eine Ausprägung besitzt, deren Oberklasse in einer Generalisierungsbeziehung.
- Die Eigenschaft `type` eines Attributes referenziert dessen Datentyp.
- `opposite` referenziert die assoziierte Metaklasse, sofern das Attribut aus einer Beziehung zwischen Metaklassen resultiert.
- Und `isComposite` drückt aus, ob es sich dabei um eine Kompositionsbeziehung handelt.

Soweit ein kurzer Einblick in den Aufbau von EMOF-Datenstrukturen. Auf eine ausführliche Erläuterung der Metamodelle im EMOF-Konzept soll hier verzichtet werden. Diese werden im folgenden Listing nur der Vollständigkeit halber aufgeführt. Mehr dazu findet sich in der Spezifikation der *Meta Object Facility* [MOF]. Das folgende Listing 2.2 zeigt die Metamodelle `SimpleUML` und `SimpleRDBM` in der EMOF Repräsentation.

Listing 2.2: Die Metamodelle `SimpleUML` und `SimpleRDBM` in EMOF-Repräsentation

```
<!-- SimpleUML.emof -->
<?xml version="1.0" encoding="ASCII"?>
<emof:Package
     xmi:version = "2.0"
     xmlns:xmi    = "http://www.omg.org/XMI"
     xmlns:xsi    =
          "http://www.w3.org/2001/XMLSchema-instance"
     xmlns:emof   = "http:///emof.ecore"
     name         = "SimpleUML"
     uri          = "http:///SimpleUML.ecore">
  <ownedType xsi:type = "emof:Class"
        name       = "UMLModelElement"
        isAbstract = "true">
    <ownedAttribute name          = "name"
                    Upper         = "1"
                    isComposite = "false"/>
    <ownedAttribute name          = "kind"
                    Upper         = "1"
                    isComposite = "false"/>
  </ownedType>
  <ownedType xsi:type = "emof:Class"
        name       = "Package"
        superClass = "//@ownedType.0"
        isAbstract = "false">
    <ownedAttribute  name          = "elements"
                     upper         = "-1"
                     type          = "//@ownedType.2"
                     opposite      =
                       "//@ownedType.2/@ownedAttribute.0"
                     isComposite = "true"/>
  </ownedType>
  <ownedType   xsi:type    = "emof:Class"
        name       = "PackageElement"
        superClass = "//@ownedType.0"
        isAbstract = "false">
    <ownedAttribute  name          = "namespace"
                     upper         = "1"
                     type          = "//@ownedType.1"
                     opposite      =
                       "//@ownedType.1/@ownedAttribute.0"
                     isComposite = "false"/>
  </ownedType>
  <ownedType   xsi:type    = "emof:Class"
        name       = "Association"
        superClass = "//@ownedType.2"
        isAbstract = "false">
```

```
    <ownedAttribute  name         = "source"
                     upper        = "1"
                     type         = "//@ownedType.6"
                     isComposite  = "false"/>
    <ownedAttribute  name         = "destination"
                     upper        = "1"
                     type         = "//@ownedType.6"
                     isComposite  = "false"/>
  </ownedType>
  <ownedType xsi:type    = "emof:Class"
        name       = "Attribute"
        superClass = "//@ownedType.0"
        isAbstract = "false">
    <ownedAttribute  name         = "type" upper = "1"
                     type         = "//@ownedType.5"
                     isComposite  = "false"/>
  </ownedType>
  <ownedType   xsi:type    = "emof:Class"
        name       = "Classifier"
        superClass = "//@ownedType.2"
        isAbstract = "false"/>
  <ownedType   xsi:type    = "emof:Class"
        name       = "Class"
        superClass = "//@ownedType.5"
        isAbstract = "false">
    <ownedAttribute  name         = "attributes"
                     upper        = "-1"
                     type         = "//@ownedType.4"
                     isComposite  = "true"/>
  </ownedType>
 <ownedType     xsi:type    = "emof:Class"
      name       = "PrimitiveDataType"
      superClass = "//@ownedType.5"
      isAbstract = "false"/>
 </emof:Package>

<!-- SimpleRDBM.emof -->
<?xml version="1.0" encoding="ASCII"?>
<emof:Package  xmi:version="2.0"
               xmlns:xmi   = "http://www.omg.org/XMI"
               xmlns:xsi   =
               "http://www.w3.org/2001/XMLSchema-instance"
               xmlns:emof  = "http:///emof.ecore"
               name        = "SimpleRDBM"
               uri         = "http:///SimpleRDBMS.ecore">
  <ownedType   xsi:type    = "emof:Class"
       name = "RModelElement"
      isAbstract = "false">
    <ownedAttribute name         = "name"
                    upper        = "1"
                    isComposite  = "false"/>
```

```
  <ownedAttribute name         = "kind"
                  upper        = "1"
                  isComposite  = "false"/>
</ownedType>
<ownedType   xsi:type    = "emof:Class"
      name        = "Schema"
      superClass = "//@ownedType.0"
      isAbstract = "false">
  <ownedAttribute name         = "tables"
                  upper        = "-1"
                  type         = "//@ownedType.2"
                  isComposite  = "false"/>
</ownedType>
<ownedType xsi:type    = "emof:Class"
      name        = "Table"
      superClass = "//@ownedType.0"
      isAbstract = "false">
  <ownedAttribute name         = "columns"
                  upper        = "-1"
                  type         = "//@ownedType.3"
                  isComposite  = "true"/>
  <ownedAttribute name         = "keys"
                  Upper        = "1"
                  type         = "//@ownedType.4"
                  isComposite  = "true"/>
  <ownedAttribute name         = "foreignKeys"
                  upper        = "-1"
                  type         = "//@ownedType.5"
                  isComposite  = "true"/>
</ownedType>
<ownedType xsi:type    = "emof:Class"
      Name        = "Column"
      superClass = "//@ownedType.0"
      isAbstract = "false">
   <ownedAttribute name         = "type"
                  upper        = "1"
                  isComposite  = "false"/>
  <ownedAttribute name         = "keys"
                  upper        = "-1"
                  type         = "//@ownedType.4"
                  isComposite  = "false"/>
  <ownedAttribute name         = "foreignKeys"
                  upper        = "-1"
                  type         = "//@ownedType.5"
                  isComposite  = "false"/>
</ownedType>
<ownedType xsi:type    = "emof:Class"
      name        = "Key"
      superClass = "//@ownedType.0"
      isAbstract = "false">
```

```
      <ownedAttribute name         = "columns"
                      upper        = "-1"
                      type         = "//@ownedType.3"
                      isComposite = "false"/>
    </ownedType>
    <ownedType   xsi:type   = "emof:Class"
          name       = "ForeignKey"
          superClass = "//@ownedType.0"
          isAbstract = "false">
      <ownedAttribute name         = "columns"
                      upper        = "-1"
                      type         = "//@ownedType.3"
                      isComposite = "false"/>
      <ownedAttribute name         = "refersTo"
                      upper        = "1"
                      type         = "//@ownedType.4"
                      isComposite = "false"/>
    </ownedType>
  </emof:Package>
```

2.3.3 *Die Verwendung der Metamodelle*

Die Einbindung von Metamodellen in QVT-Scripten kann entweder *Inline* direkt als QVT-Datenstruktur im Script vorgenommen werden (Listing 2.3, Variante 1) oder über den Import einer Datenstruktur (Listing 2.3, Variante 2), die an anderer Stelle in einem standardisierten Dateiformat deklariert worden ist, zum Beispiel als EMOF-Quelle.

Listing 2.3: Benutzung von Metamodellen in Transformationsscripten

Variante 1 – Inline-Deklaration in QVT-Scripten

```
-- Deklaration
metamodel SimpleUML  { /* wie oben */ }
metamodel SimpleRDBM { /* wie oben */ }

-- Benutzung
modeltype UML  uses SimpleUML;
modeltype RDBM uses SimpleRDBM;

transformation Uml2Rdbm ( in  srcModel : UML,
                          out dstModel : RDBM );
```

Variante 2 - Import von extern deklarierten Metamodellen

```
-- Metamodelle sind in EMOF-Form definiert und unter
-- einer URL bereitgestellt.

-- Benutzung
modeltype UML
   uses SimpleUML  ("http://omg.qvt-examples.SimpleUml");
modeltype RDBM
   uses SimpleRDBM ("http://omg.qvt-examples.SimpleRdbms");

transformation Uml2Rdb ( in  srcModel : UML,
                         out dstModel : RDBM );
```

2.4 Werkzeugunterstützung

Wie wir oben bereits erfahren haben, ist Modellierung von Metamodellen generell eine Erarbeitung entsprechender Modelle in UML2-Klassendiagrammen. Natürlich kann und sollte man dazu ein Werkzeug einsetzen, mit dem die Modellierung und Codierung der Metamodelle erleichtert wird. Grundsätzlich ist jedes moderne UML-Werkzeug dafür tauglich. Für eine generelle Weiterverwendung der Metamodelle in Transformationen reicht es aus, diese im allgemeinen Austauschformat XMI zu exportieren, zum Beispiel unser Metamodell nach `SimpleUML.xmi` bzw. nach `SimpleUML.emof`, siehe Listing 2.2. Einige Transformationswerkzeuge, insbesondere im Umfeld der Plattform Eclipse, wie zum Beispiel das später vorgestellte und eingesetzte Werkzeuge mediniQVT, erfordern Metamodelle im Format des *Eclipse Modeling Framework* (EMF) *`Ecore`*.

Die Erläuterung der *`Ecore`*-Repräsentationen der oben beschriebenen simplen Metamodelle würde an dieser Stelle zu weit führen. Die *`Ecore`*-repräsentierten Metamodelle `SimpleUML.ecore` und `SimpleRDBM.ecore`, die dem generellen EMOF-Format weitgehend äquivalent sind, finden sich vollständig im Anhang. Die Entwicklung von *`Ecore`*-repräsentierten Metamodellen ist mit kommerziellen, auf Eclipse basierenden Werkzeugen in der Regel mit einfachen Handgriffen machbar. In der Eclipse-Community gibt es auch bereits freie UML-Werkzeuge, zum Beispiel das *UML2 Modeling Toolkit* (UML2 MDT) und andere freie wie auch kommerzielle Produkte, die für diese Zwecke durchaus brauchbar sind. Eine Übersicht findet sich in [SMDA].

Hier wird das UML2-Werkzeug Topcased herangezogen, um damit das Metamodell `SimpleUML.ecore` aus einer UML2-Repräsentation zu entwickeln. Topcased ist ein OpenSource-UML2-Modellierungswerkzeug, welches als Eclipse *RichClientPlatform* (RCP) wie auch als Eclipse *Plugin* bezogen werden kann. Zur Bearbeitung von Ecore-Modellen stellt Topcased die *Ecore Tools* zur Verfügung. Hierbei handelt es sich zum Beispiel um einen graphischen Editor für Ecore/UML-Diagramme. Abbildung 2.5 zeigt das `SimpleUML`-Metamodell als Topcased UML2-Klassendiagramm.

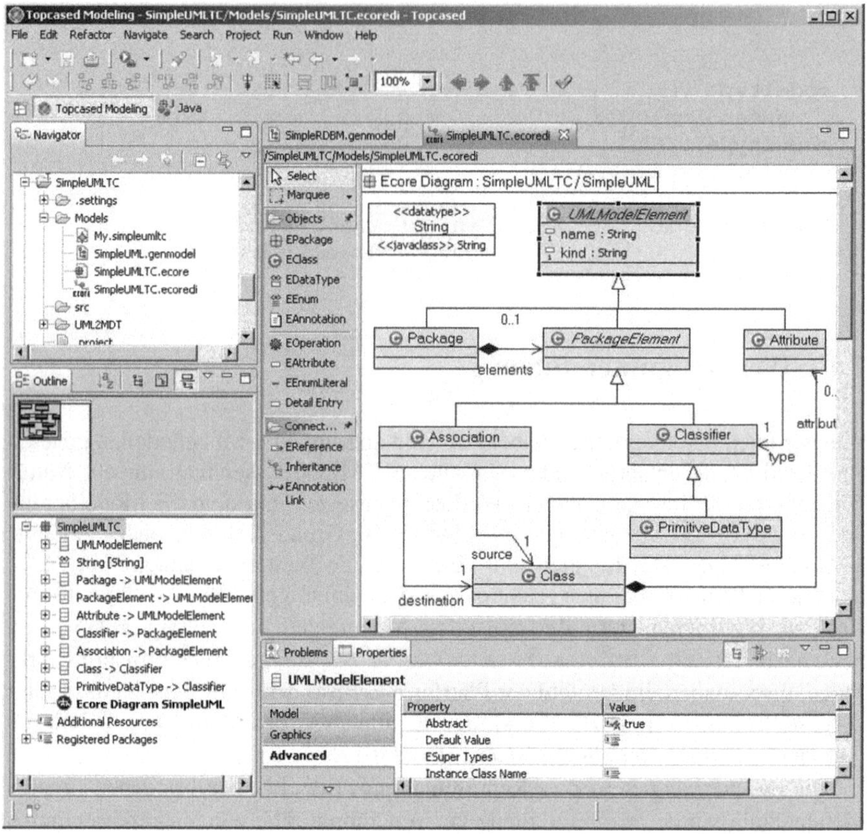

Abb. 2.5: SimpleUML im Topcased Ecore/UML Editor

2.4.1 Erstellung von Metamodellen mit Topcased

1. Voraussetzung für eine Modellierung mit Topcased sind Topcased-Projekte

   File > New > Project > Topcased > Topcased Project

2. Mit

   File > New > Ecore Diagram

kann innerhalb eines Topcased-Projektes eine Ecore-Datei, `SimpleUML.ecore`, erzeugt werden. In dieser werden die Modellinformationen abgelegt.

3. Die Ecore-Datei kann im Ecore/UML Editor angezeigt und bearbeitet werden.

    Open with > Sample Ecore Model Editor

4. Die Diagramminformationen der graphischen Repräsentation des Modells befinden sich in einer `ecoredi`-Datei, zum Beispiel `SimpleUML.ecoredi`. Diese kann mit dem Ecore Editor geöffnet und grafisch editiert werden.

    Open with > Ecore Editor

5. Jede Modellierungsaktion im graphischen Editor wird unmittelbar in der Modelldatei nachvollzogen. Die so erstellte Ecore-Datei kann von manchen Werkzeugen, zum Beispiel dem im folgenden Kapitel eingeführten mediniQVT, als Metamodell in Transformationen bereits direkt referenziert und verwendet werden.

6. Andere, insbesondere Eclipse-basierte, Werkzeuge verlangen, dass die Ecore-repräsentierten Metamodelle in Form von Plugins in die Entwicklungsumgebung eingebunden werden.
   Dazu muss mit Hilfe der Werkzeuge des *Eclipse Modeling Framework* (EMF) aus der Ecore-Repräsentation ein entsprechendes Plugin generiert und in den Eclipse-Kontext eingebunden werden,

    File > New > Other > Eclipse Modeling Framework > EMF Model.

7. Das EMF-Modell muss vom Typ `genmodel` sein, also zum Beispiel `SimpleUML.genmodel`. Als ***Model Importer*** muss ***Ecore model*** ausgewählt werden.

8. Als Modell-URI wird dann das `SimpleUML.ecore` referenziert.

9. Das `SimpleUML.genmodel` ist nun die Quelle für den EMF-Generator. Mit der Option

    Generator > Generate All

   werden für dieses Metamodell die Eclipse-Plugin-Projekte generiert, `SimpleUML`, `SimpleUML.edit`, `SimpleUML.editor`, `SimpleUML.tests` (Abbildung 2.6).

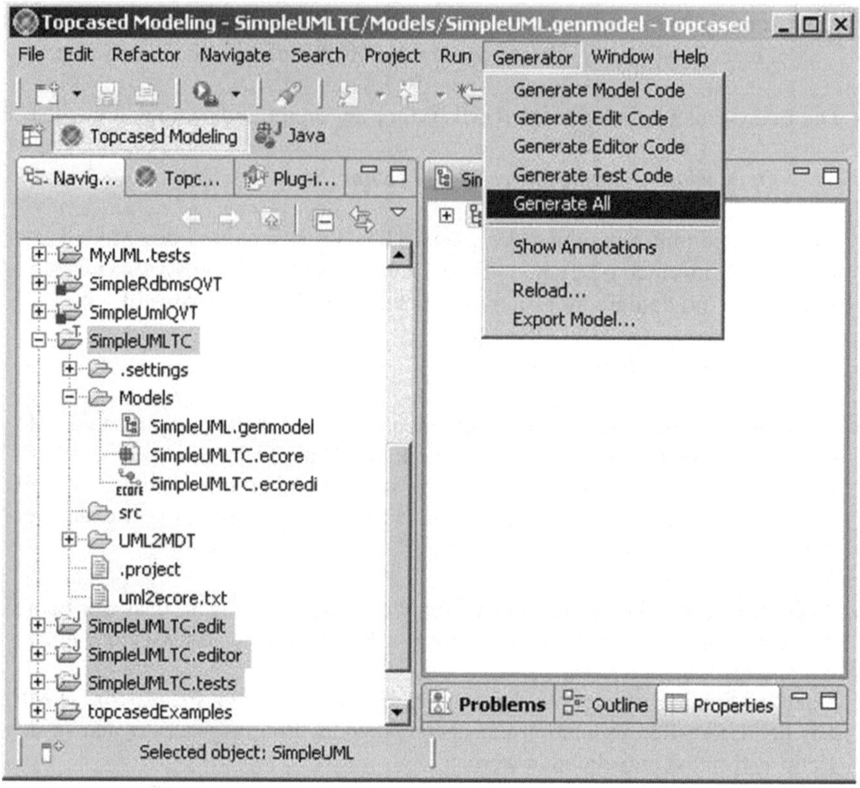

Abb. 2.6: Generierung der Metamodelle als Eclipse-Plugins

10. Die Einbindung des Metamodells – das *Deployment* – in den Eclipse-Kontext erfolgt mittels

    File > Export > Plug-in Development > Deployable plug-ins and fragments

11. Die „*deployable*" Metamodelle – Metamodelle, die in einen Eclipse-Kontext als Plugin eingebunden werden können – werden selektiert und in das „*Destination*"-Verzeichnis der aktuellen Eclipse-Plattform veröffentlicht (Abbildung 2.7). Das heißt, sie werden in das Unterverzeichnis Plugins der Eclipse-Arbeitsumgebung hineinkopiert (Abbildung 2.8).

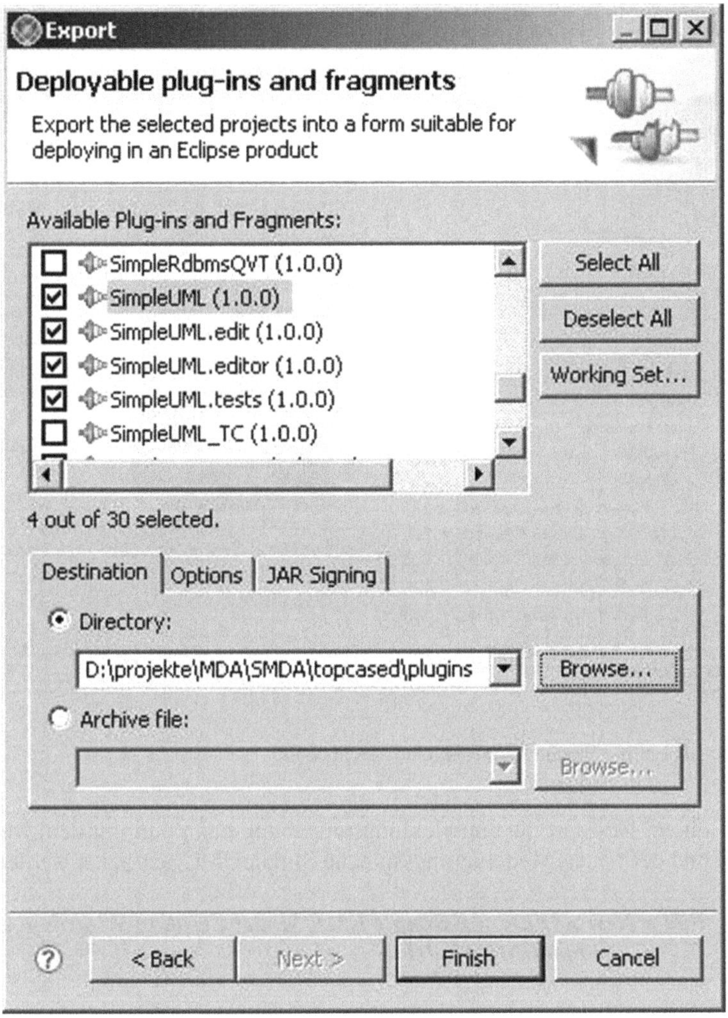

Abb. 2.7: Deployment der Metamodelle

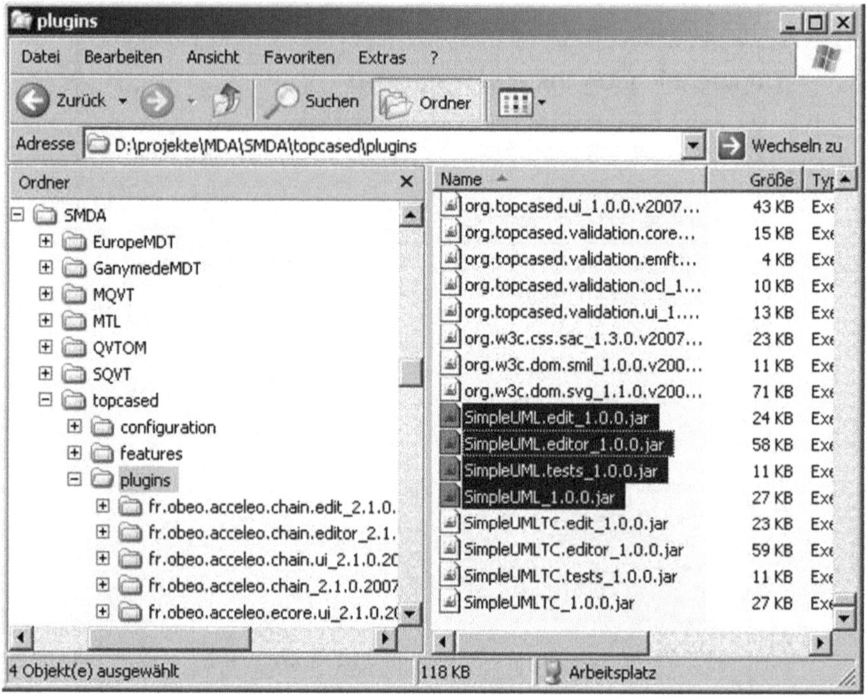

Abb. 2.8: Als Eclipse Plugins veröffentlichte Metamodelle

12. Mit einem Neustart der Entwicklungsumgebung kann nun mit dem Metamodell und der neuen Modellierungssprache SimpleUML gearbeitet werden.

    File > New > Other > Example EMF Model Creation Wizards > SimpleUML Model

    Zum Beispiel kann ein `SimpleUML`-Modell des Wohnungsbaukreditgeschäfts erstellt werden (Abbildung 2.9).

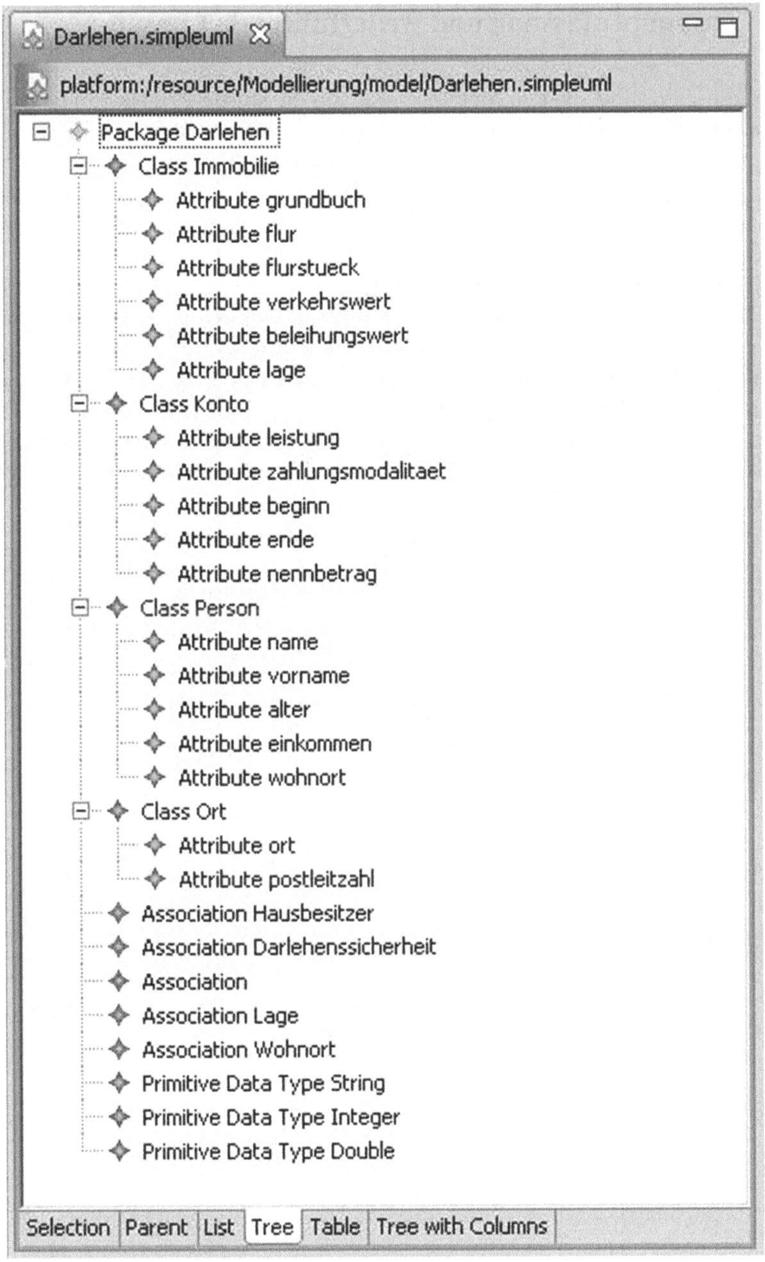

Abb. 2.9: Das Wohnungsbaukreditgeschäft im SimpleUML

2.5 Zusammenfassung und weiterführende Literatur

Thema dieses Kapitels waren Metamodelle; was sie sind, wozu sie dienen und wie sie erstellt und in praktische Umgebungen eingebunden werden. Wir haben exemplarisch Metamodelle für die Modellierungssprachen `SimpleUML` und `SimpleRDBM` erarbeitet. Damit haben wir die Voraussetzungen für das folgende Kapitel geschaffen, die Benutzung von Metamodellen im Rahmen von *Relations Language*-Transformationen.

Die Erstellung von Metamodellen speziell im Kontext Eclipse und mit anderen Modellierungswerkzeugen steht nicht so sehr im Fokus dieses Buches, sondern mehr die Arbeit mit ihnen im Rahmen von Modelltransformationen. Der Umgang mit dem Werkzeug Topcased ist ausführlicher in der Topcased-Dokumentation beschrieben [TOPDOC]. Ausführungen zum *Eclipse Modeling Framework* finden sich in [Bud04, EMF]. Zur Erstellung und Installation von Metamodellen auf einer Eclipse-Plattform gibt es einige Artikel, zum Beispiel im Umfeld des SMDA-Projektes [SMDA, Nol07, Nol08a].

3 Relations Language

Die *Relations Language* ist eine deskriptive Sprache zur Transformation von formalen metamodellbasierten Modellen. Mit *Relations Language*-Transformationsscripten wird beschrieben, wie gültige Quellmodelle für eine Transformation aussehen müssen und wie die Zielmodelle aussehen sollen. Zwischen den Elementen des Quellmodells und denen des Zielmodells werden Beziehungen – Relationen – hergestellt, in denen in Form von Musterdefinitionen – *Patterns* – das Aussehen der Quellmodell- und Zielmodellelemente konkret dargestellt wird. Der Transformationsprozess erfolgt durch ein *Pattern Matching*.

Die *Relations Language* wird in ihrem generellen Aufbau zunächst auf einer recht formalen, an der Syntax der Sprachspezifikation angelehnten Ebene beschrieben. In den daran anschließenden Kapiteln werden zwei Beispieltransformationen ausführlich diskutiert, zum einen die `Uml2Rdbm`, eine Transformation, bei der wir die oben eingeführten Metamodelle `SimpleUML` und `SimpleRDBM` verwenden werden, zum anderen ein `Class2EJB`-Beispiel, das ein UML-Modell der PIM-Ebene in ein UML-Modell der PSM-Ebene überführt. Die Transformationen werden mit dem *OpenSource*-Werkzeug mediniQVT [MQVT] entwickelt, welches wir uns zunächst ansehen wollen, damit man die weiteren Ausführungen und Beispiele nachvollziehen und austesten kann.

3.1 mediniQVT

mediniQVT ist ein Eclipse-Plugin [ECL], welches das *Eclipse Modeling Framework* [EMF] zugrunde legt. mediniQVT-Projekte sind generelle Eclipse-Projekte, in denen mittels QVT *Relations Language*-Scripten Modelltransformationen beschrieben und durchgeführt werden (Abbildung 3.1).

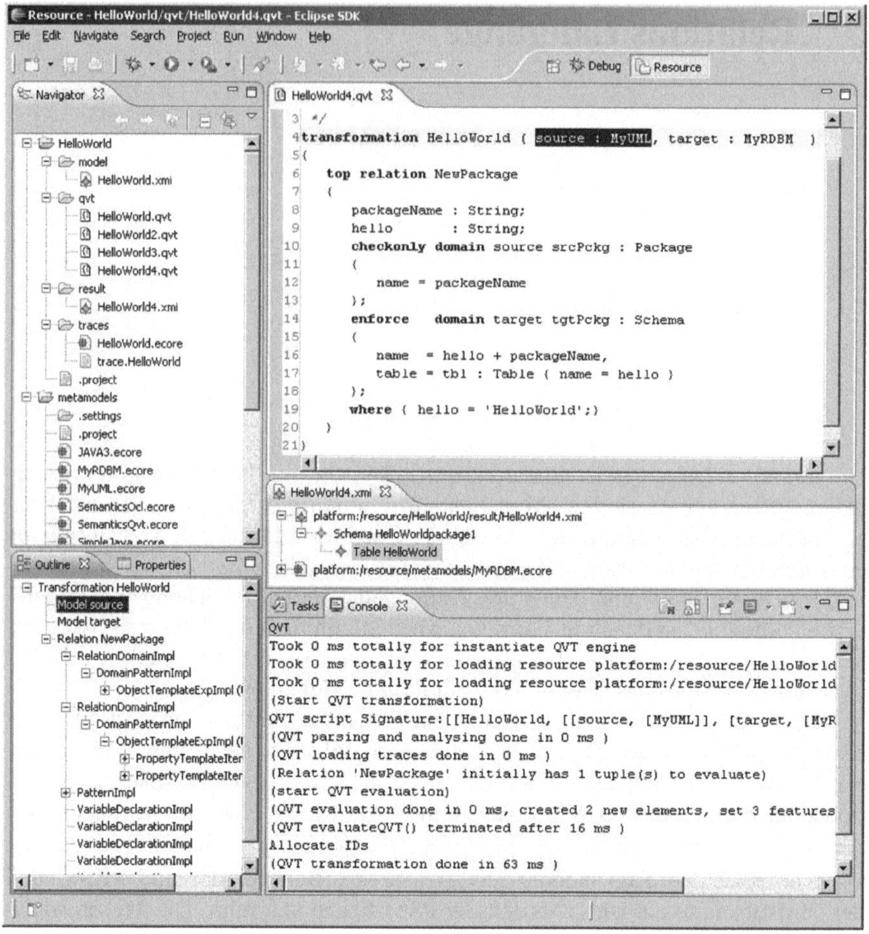

Abb. 3.1: Die *Relations Language*-Plattform mediniQVT

3.1.1 Aufbau der mediniQVT-Entwicklungsplattform

1. Transformations-Projekte werden in einer Navigatorsicht (Abbildung 3.1, oben links) angezeigt und verwaltet.
2. Daneben gibt es einen Editor-Bereich (Abbildung 3.1, oben rechts) mit Editoren für die Bearbeitung von QVT-Scripten, Modellen und Metamodellen.
3. Sofern keine anderen grafischen Mittel, wie wir sie zum Beispiel mit dem Eclipse UML *Modeling Toolkit* im Kapitel Metamodelle kennengelernt haben, integriert worden sind, wird die Entwicklung von Modellen und Metamodellen

mit den Bordmitteln des Eclipse *Modeling Framework* (EMF) vorgenommen – also zum Beispiel dem *Sample Ecore Modeling Editor* für Ecore-repräsentierte Modelle oder dem *Sample Reflection Modeling Editor* für XMI-repräsentierte Modelle (Abbildung 3.1, Mitte rechts).

4. Für die Erstellung von Transformationsscripten steht ein syntaxgesteuerter Texteditor (QVT-Editor) zur Verfügung.
5. Die Navigation in umfangreichen Scripten kann mit der *Outline View* (Abbildung 3.1, unten links) erleichtert werden.
6. Auf der *Console* (Abbildung 3.1, unten rechts) werden die Meldungen einer ausgeführten Transformation angezeigt. Dies ist das Protokoll einer QVT-Applikation, die mit dem Eclipse-Run-Kontext gestartet worden ist.

3.1.2 Bearbeitung von QVT-Projekten

Die für die syntaktisch korrekte Erstellung und spätere Durchführung der Scripte erforderlichen Metamodelle werden mit

Window > Preferences > QVT Metamodels

katalogisiert (Abbildung 3.2).

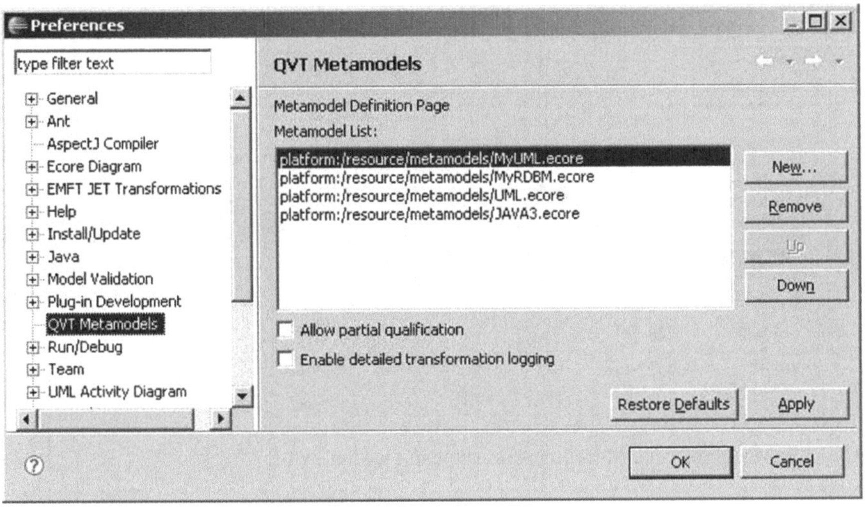

Abb. 3.2: Konfiguration der Metamodelle

Es muss sich dabei um MOF-kompatible Metamodelle in einem Eclipse Format handeln, also im *Ecore*-Format, zum Beispiel `SimpleUML.ecore`. Das in der Abbildung zu sehende `MyUML.ecore` ist eine überarbeitete Fassung des `SimpleUML`. Die Metamodelle befinden sich hier in einem anderen Projekt *me-*

tamodels desselben Eclipse-Arbeitsbereichs (siehe Abbildung 3.1, *Navigator View*).

Das Erstellen von QVT-Scripten erfolgt mit dem syntaxgesteuerten Editor von mediniQVT:

Open with > QVT Editor

Unterschiedliche syntaktische Konstrukte wie reservierte Wörter der Sprache, Kommentare etc. werden farblich hervorgehoben. Syntaktische Fehler werden unmittelbar beim Erstellen des Scriptes angezeigt. Zudem bietet der Editor auf der Basis des *Code Assistent* von Eclipse eine syntaxgesteuerte Textergänzung von reservierten Wörtern und von bereits deklarierten Variablen an (***Strg + Leertaste***).

Das Durchführen der Transformationen – wie auch das Testen und Debuggen – erfolgt mit Hilfe des mediniQVT QVT Launchers (Abbildung 3.3):

Run > Open Run Dialog oder ***Debug > Open Debug Dialog***

QVT Script ist das Transformationsscript, welches ausgeführt werden soll. *First Set of Models* sind die Modelle, die als Quellmodelle Gegenstand der Transformation sind. *Second Set of Models* sind die Zielmodelle.

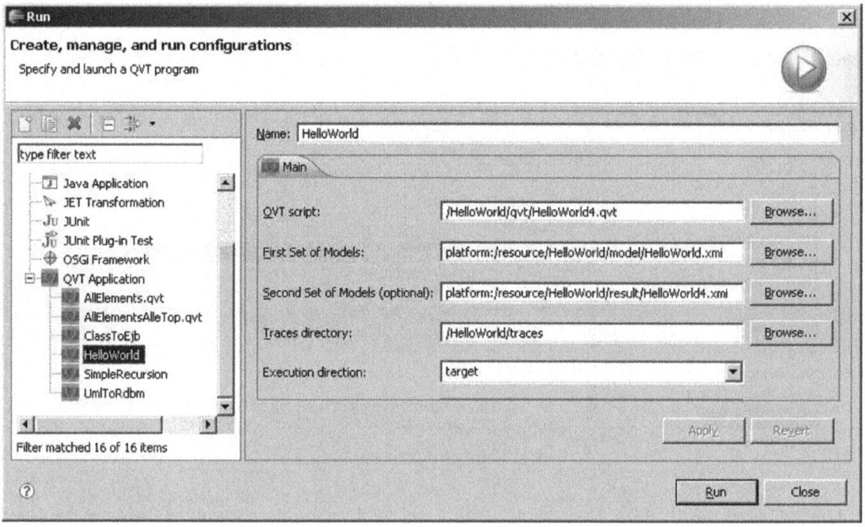

Abb. 3.3: Ausführen einer Modelltransformation mit mediniQVT

Die Angabe von Zielmodellen ist optional; sofern diese fehlen, handelt es sich bei der Transformation um eine Validierung von Modellen. Man muss dabei bedenken, dass, wenn man kein Zielmodell angibt, die Quellmodelle verändert werden können. Das kann natürlich unerwünschte Nebeneffekte auf die Modelle haben, deshalb muss man damit etwas vorsichtig umgehen. Quellmodelle müssen in dem Format ihres Metamodells vorliegen, zum Beispiel `mySimpleModel.-`

simpleuml oder myClassDiagram.uml, oder in dem generellen Austauschformat XMI, also zum Beispiel HelloWorld.xmi. Zielmodelle werden ebenfalls in einem dieser Formate erzeugt.

Traces directory ist die Spezifikation des Verzeichnisses, in dem die *Traces* und *Log-Files* abgelegt werden sollen. *Execution direction* beschreibt die Richtung der Transformation, also damit auch, ob es sich um eine unidirektionale oder um eine bidirektionale Transformation handeln soll. Hier wird der Name des Zielmodells angegeben. Hiermit sollte man etwas vorsichtig sein und vielleicht am besten den voreingestellten Namen des Zielmodells, hier zum Beispiel target, beibehalten, um die Quellmodelle nicht versehentlich zu verändern (siehe oben).

3.2 Das berühmteste Programm der Welt

Damit haben wir nun erst einmal genug Grundlagen, um uns der *Relations Language* zuwenden zu können, und zwar als erstes mit dem berühmten und unvermeidbaren HelloWorld.

Exemplarischer Aufbau von mediniQVT-Projekten am Beispiel HelloWorld:

- HelloWorld\qvt
  Die Transformationsscripte sollen in dem Projektunterverzeichnis qvt abgelegt werden.
- HelloWorld\model
  model ist das Unterverzeichnis für die Quellmodelle.
- HelloWorld\result
  Die Zielmodelle werden sich nach einer erfolgreichen Transformation in dem Verzeichnis result befinden.
- HelloWorld\traces
  Mit jedem Transformationslauf werden Protokolle und Log-Files angelegt, die in das Verzeichnis traces geschrieben werden sollen.
- metamodels
  Ein eigenes Projekt, in dem sich die Metamodelle befinden.

Nun zum Transformationsscript HelloWorld.

Beispiel:

```
transformation HelloWorld ( uml : SimpleUML )
{
   top relation NewPackage
   {
```

```
        enforce domain uml pckg : Package
        {
           name = 'HelloWorld'
        };
     }
  }
```

Diese einfache, aber bereits vollständige Transformation erzeugt ein `SimpleUML`-Modell mit einem `Package`, welches den Namen `'HelloWorld'` erhält. Eine Transformation erfolgt wie gesagt in der Weise, dass Beziehungen (**`relation`**) zwischen MOF-Modellen beschrieben werden. MOF-Modelle werden in der Spezifikation auch als getypte Modelle bezeichnet. In Transformationsscripten ist der Modelltyp gewissermaßen die Datenstruktur eines Modellkandidaten. Das Transformationsscript `HelloWorld` arbeitet mit einem Modell vom Typ `SimpleUML`, dabei handelt es sich um ein Zielmodell, was mit dem Schlüsselwort **`enforce domain`** kenntlich gemacht ist. Welches also das Quellmodell und welches das Zielmodell ist, stellt sich in der Klassifizierung der Domänen (**`enforce, checkonly`**) heraus. In diesem Beispiel wird das Anlegen des `Packages` in dem Modell erzwungen. Dieses sehr einfache Script ist also im eigentlichen Sinne keine Transformation, sondern eine Generierung eines Modells.

Ein nach wie vor einfaches, aber etwas umfassenderes Transformationsscript eines Quellmodells in ein Zielmodell würde folgendermaßen aussehen.

Beispiel:

```
transformation HelloWorld ( source : SimpleUML,
                            target : SimpleUML )
{
   top relation SourceToTarget
   {
      checkonly domain source srcPckg : Package { };
      enforce   domain source tgtPckg : Package
      {
         name = 'HelloWorld'
      };
   }
}
```

Das ist eigentlich immer noch keine Transformation, sondern immer noch eine Generierung eines `Package` namens `'HelloWorld'` im Zielmodell, da in der **`checkonly`**-Domäne nichts getan wird; es wird noch kein sinnvoller Bezug zu einem Quellmodell hergestellt. Hier wird etwas streng unterschieden zwischen Transformation und Generierung. Dazu ein paar erläuternde Worte. Eine Transformation ist, wie in der Einleitung definiert, eine Überführung eines formalen Modells in ein anderes formales Modell. Das Zielmodell wird also erstellt auf der Basis von etwas Bestehendem. Bei einer Generierung wird etwas Neues erzeugt, ohne dass dafür irgendwelche Quellen zur Verfügung stehen. Diese Differenzierung an dieser Stelle ist wie gesagt recht streng und wird auch nicht immer so eingehalten werden.

Obiges Beispiel ist also syntaktisch korrekt, aber im Sinne einer Modelltransformation immer noch nicht besonders sinnvoll. Für eine Transformation müssten wir uns also die Quelle etwas genauer ansehen, deren Elemente heranziehen und in ein Zielmodell überführen.

Beispiel:

```
transformation HelloWorld ( source : SimpleUML,
                            target : SimpleUML )
{
   top relation SourceToTarget
   {
      packageName : String;

      checkonly domain source sourcePackage  : Package
      {
         name = packageName
      };

      enforce  domain source targetPackage : Package
      {
         name = 'HelloWorld' + packageName
      };
   }
}
```

Hier wird nun nicht mehr `'HelloWorld'` generiert, sondern auf der Grundlage der `Packages` des Quellmodells in ein Zielmodell überführt, welches `Packages` erhält, denen die Zeichenkette `'HelloWorld'` im Namen vorangestellt ist. Zu sehen ist das in der Abbildung 3.4.

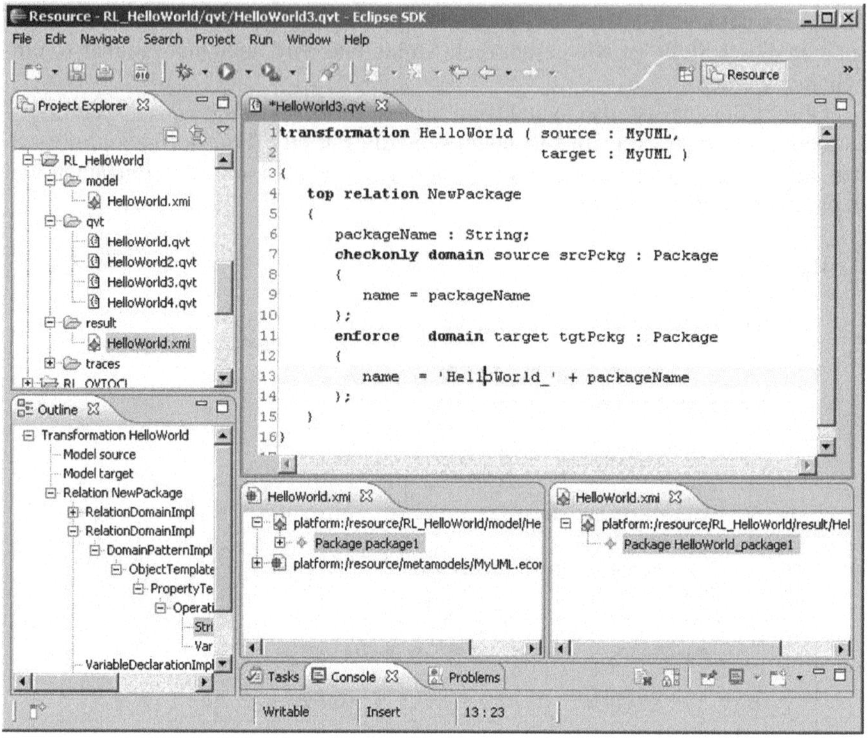

Abb. 3.4: `HelloWorld` im *Sample Reflective Ecore Model Editor*

Die unteren Sichten zeigen das Quellmodell `model/HelloWorld.xmi` und das Zielmodell `result/HelloWorld.xmi` im EMF *Sample Reflective Ecore Model Editor.*

3.3 Der generelle Aufbau von *Relations Language*-Programmen

`HelloWorld` ist zwar sehr simpel, aber wir haben bereits erkannt: *Relations Language*-Scripte enthalten **`transformations`**, **`top relations`**, **`enforce`** und **`checkonly domains`** etc.

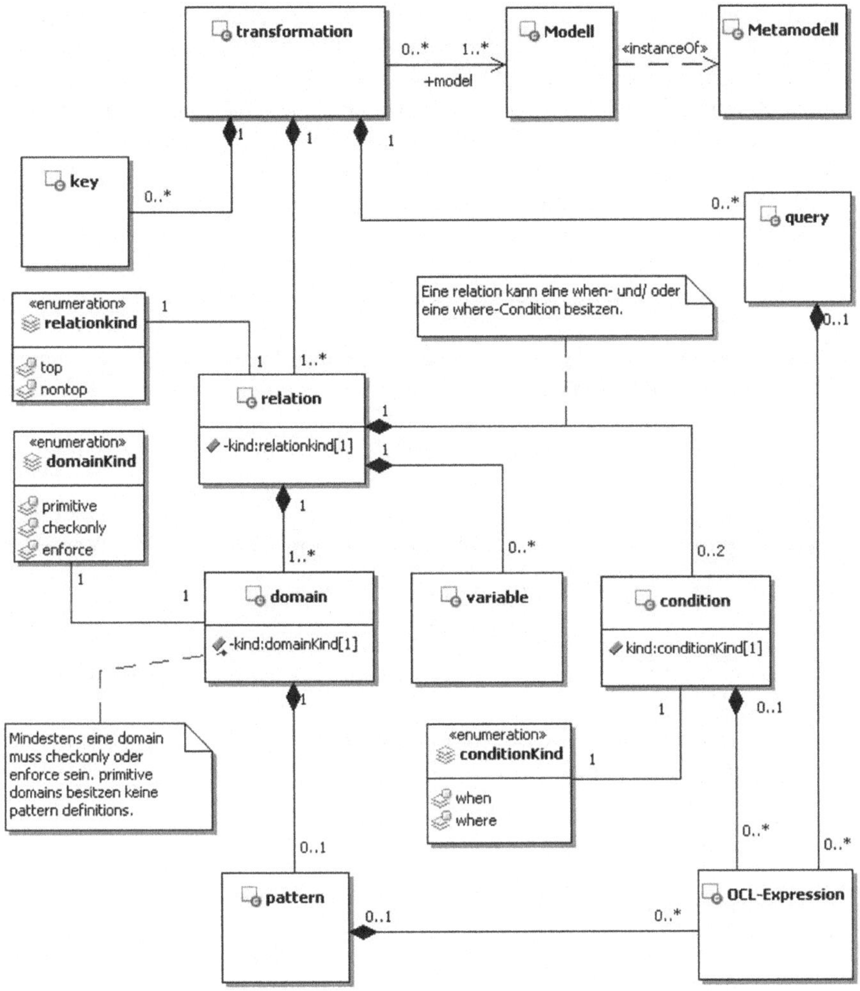

Abb. 3.5: Der Aufbau von *Relations Language*-Scripten

Den grundsätzlichen Aufbau von *Relations Language*-Scripten zeigt die Abbildung 3.5. Es handelt sich dabei nicht um das *Relations Language*-Metamodell der QVT-Spezifikation, sondern um eine skizzenhafte Übersicht in Form eines UML-Klassendiagramms, in der die wesentlichen Bestandteile der Sprache aufgezeigt und in ihrem Zusammenhang dargestellt sind.

1. Ein QVT-Script in der *Relations Language* ist eine Transformation (`transformation`). Mit einer Transformation werden ein oder mehrere Modelle in ein oder mehrere andere Modelle überführt. Die Modelle sind Instanzen von Metamodellen.

2. Eine Transformation besteht aus einer oder mehreren Relationen (**relation**), in denen die Beziehungen zwischen den Modellen oder Elementen der Modelle konkret spezifiziert sind.
3. Eine Relation besteht aus einer oder mehreren Domänen (**domain**). In den Domänen wird das jeweils gültige Erscheinungsbild eines Modells in Form von Dömanenmustern (*domain patterns*) beschrieben.
4. Jede Domäne besitzt solch ein Muster. Es gibt von dieser Regel eine Ausnahme, primitive Domänen, von denen wir später noch mehr erfahren werden. Die Domänen entsprechen in etwa der Spezifikation der Anfragebedingungen, um auf der Basis eines Metamodells ein bestimmtes Modell festzulegen und einzugrenzen.
5. Zudem können in jeweils einer optionalen **when**- oder **where**-Klausel weitere Regeln für die Gültigkeit der Relation angegeben werden.
6. Eine Transformation kann zudem über weitere Hilfsfunktionen (**queries**) verfügen. Dies sind einfache oder komplexe OCL-Ausdrücke, die losgelöst von Relationen erstellt werden.
7. Relationen sind die einzigen Strukturen in Transformationen, in denen Variablen deklariert werden können. Dabei kann es sich um beliebige OCL-Variablen handeln, also Variablen von primitiven Datentypen (`String`, `Boolean`, ...), Sammlungstypen (**Set** (`String`), ...) oder Variablen von einem Objekttyp (`Package`, `Class`, **Set** (`Attribute`), ...).
8. **Queries**, Bedingungen und *domain patterns* werden durch OCL-Ausdrücke realisiert.
9. Mit der optionalen Spezifikation von **keys** ist es möglich, bei der Generierung von Zielelementen Duplikate zu unterbinden.

In der textuellen Darstellung ergibt sich damit folgender syntaktischer Aufbau eines Transformationsscriptes:

```
transformation <transformation name>
(
   <model declaration> [, <model declaration>]*
)
-- die Angabe von keys ist optional
[ key <object type> { <property name>[,
                      <property name>]* }; ] *

-- mindestens eine top-level relation muss es geben
[[top] relation <relation name>
{
   [ <variable name> : <variable type>; ]*

   -- mindestens eine domain muss es geben
   [[checkonly | enforce]
   domain <model name> <object name> : <object type>
   {
      <pattern expression> [, <pattern expression>]*
   }; ]+
```

```
    -- checkonly und enforce domains besitzen Patterns,
    -- primitive domains nicht
    [ primitive domain <primitive name> :
                       <primitive type>; ]*

    -- conditions sind optional, allerdings unter
    -- Umständen unverzichtbar, z.B. für relation-
    -- oder function-calls
    [ when  { <OCL constraint expressions> } ]
    [ where { <OCL constraint expressions> } ]
}]+

  -- optionale helper Funktionen
 [ query <query name> ( [<arguments>[,]]* )
   {<OCL expression>} ]*
}
```

Das sieht auf den ersten Blick recht einfach aus; die Schlichtheit hat es aber in sich, da die *Relations Language* auf OCL basiert und an verschiedenen Stellen, zum Beispiel in den Rümpfen von Hilfsfunktionen oder zur Beschreibung der Bedingungen von **when**- und **where**-Blöcken die komplette OCL-Sprache zur Verfügung steht.

Ich werde die *Relations Language* in dem folgenden Kapitel zunächst formal beschreiben und mich dabei weitestgehend an die Darstellung der OMG-Spezifikation halten. In den darauf folgenden Kapiteln werde ich dann an verhältnismäßig einfachen Beispielen die *Relations Language* noch einmal pragmatisch in ihren Grundzügen detailliert erläutern. Wer also die formale Herangehensweise nicht so schätzt, kann die folgenden Ausführungen bis zum Kapitel *Exemplarische Entwicklung von Transformationsscripten* überspringen. Auf der anderen Seite werden sich hier die OMG-Konzepte natürlich umfassender und konkreter wiederfinden, als im praktischen Teil.

3.4 Formale Darstellung der Konzepte

Bevor wir an Beispielen weiter in die Tiefe der *Relations Language* gehen, werden wir uns in diesem Kapitel mit den Komponenten und Konstrukten der Sprache in formaler Weise beschäftigen. Wir werden sehen, was es alles an Sprachmitteln gibt, wie man damit umgeht und was man damit beschreiben kann.

3.4.1 Transformationen

Eine Transformation (**transformation**) ist eine Relation zwischen Modellen. Transformationen besitzen einen Namen. In Form einer Parameterliste werden die

Modelle deklariert, die Gegenstand der Transformation sind. Als Argumente sind ausschließlich Modelle zugelassen und nicht etwa auch Parameter anderer Datentypen. Die Modelle haben einen Namen und einen Typ. Die Angabe eines Modells ist vergleichbar mit der Deklaration eines komplexen Objektes, dessen Datenstruktur durch einen Datentyp, das Metamodell, beschrieben wird.

Syntax:

```
transformation <transformation name>
( <model declaration>[, <model declaration> ]* )
{
  [ <key declaration> ]*
  [ <relation declaration> ]*
  [ <query declaration> ]*
}
```

Beispiele:

```
transformation UmlToRdbm ( uml  : SimpleUML,
                           rdbm : SimpleRDBM )
{
   -- keys
   -- relations
   -- queries
}

transformation UmlToEjb ( uml : UML, ejb : UML )
{
   -- keys
   -- relations
   -- queries
}
```

Die Überführung eines Modells in ein anderes wird dadurch spezifiziert, dass Relationen zwischen den betroffenen Modellelementen definiert werden. `SimpleUML`-Modelle zum Beispiel bestehen aus `Packages`, `Classes`, `Associations`, `Classes` besitzen `Attribute`.

Beispiel:

```
transformation UmlToRdbm(uml:SimpleUML, rdbm:SimpleRDBM)
{
   -- keys
   relation PackageToSchema     { /* body */ }
   relation ClassToTable        { /* body */ }
   relation AssocToFKey         { /* body */ }
   relation AttributeToColumn   { /* body */ }
   -- queries
}
```

Zur Vermeidung der Generierung von Duplikaten ist die Angabe von einem oder mehreren Keys (**key**) möglich. Neben den Relationen können Transformationen auch spezielle Hilfsfunktionen enthalten (*Helper* oder **query**). **queries** sind allgemeine Hilfsmittel, die mit OCL-Anweisungen umgesetzt werden. Es gibt Transformationsdateien, die lediglich *Helper*-Funktionen dieser Art enthalten. Diese dienen dann in Form von Bibliotheksdateien generell als Hilfsmittel für Transformationen. Die Einbindung der externen *Helper*-Dateien erfolgt über eine **import**-Anweisung.

Syntax:

```
[ import <helper file>; ]*

transformation <transformation name> ( ... ) { ... }
```

Auf die zuletzt genannten Konzepte wird zu einem späteren Zeitpunkt noch näher eingegangen.

3.4.2 Relationen

Eine Relation (**relation**) ist das zentrale Element einer Transformation in der *Relations Language*. Sie enthält Spezifikationen von Regeln, mit denen gültige Beziehungen zwischen den Modellelementen der referenzierten Modelle aufgestellt werden. Nur wenn die Beziehungen zwischen den Modellelementen in diesem Sinne korrekt sind, werden sie zur Transformation herangezogen. Dies ist vergleichbar mit einer ebenfalls deskriptiven SQL-Anfrage auf einem relationalen Datenbestand. Alle Selektionskriterien müssen erfüllt sein, damit ein Modellausschnitt für eine Transformation vorliegt.

Syntax:

```
[top] relation <relation name>
{
   [<var declaration>]*
   [[<domain>]+ | [<primitiveTypeDomain>]* ]
   [<whenPredicate>]
   [<wherePredicate>]
}
```

Die Definition der Regeln erfolgt in Form von Domänen (**domain**). In der Regel gibt es in jeder Relation eine Domäne für jedes in den Transformationsargumenten deklarierte Modell. Zudem kann optional ein Paar von Prädikaten angegeben werden, mit denen Regeln für die gültigen Ausprägungen der beteiligten Modelle vor und nach Ausführung der Relation spezifiziert werden.

Relationen können Variablen besitzen, die als freie Elemente global in allen Domänen der jeweiligen Relation verwendet werden können. Variablen haben entweder den Typ eines Elementes aus dem Metamodell, z.B. `Package` oder `Table`, oder einen beliebigen OCL-Datentyp. Betrachten wir dazu das Beispiel `UmlToRdbm`.

Beispiel:

```
transformation UmlToRdbm ( uml  : SimpleUML,
                           rdbm : SimpleRDBM )
{
   -- keys

   relation PackageToSchema
   {
      packageName : String;

      checkonly domain uml  p : Package
      {
         name = packageName
      };

      enforce   domain rdbm s : Schema
      {
         name = packageName
      };

      -- when-predicate
      -- where-predicate
   }

   relation ClassToTable       { /* body */ }
   relation AssocToFKey        { /* body */ }
   relation AttributeToColumn { /* body */ }

   -- queries
}
```

Zur Erinnerung: `SimpleUML`-Modelle bestehen aus `Packages`. `Packages` sollen umgewandelt werden in `Schemas` eines `SimpleRDBM`. In dem ersten einfachen Programmausschnitt wird der Name eines existierenden `Packages` zwischengespeichert und in der folgenden Domäne dem Namen des generierten `Schemas` zugewiesen. Damit hier erst einmal genug. Domänen und Domänenmuster sind Gegenstand des nächsten Abschnitts. Zuvor müssen wir uns noch ein wenig tiefer mit Relationen beschäftigen.

Charakterisierung von Relationen

Transformationen werden durchgeführt, indem die definierten Relationen ausgeführt werden. Es gibt nun zwei Arten von Relationen:

1. Relationen, die unmittelbar ausgeführt werden, sofern das Modellelement im Quellmodell eingelesen wird.
2. Relationen, die mittelbar ausgeführt werden, durch einen expliziten Aufruf.

Die Relationen der ersten Art sind *top-level*-Relationen. Diese werden durch das vorangestellte Schlüsselwort `top` gekennzeichnet. Relationen der zweiten Art sind *non-top-level*-Relationen, die nicht weiter gekennzeichnet sind. *top-level*-Relationen werden im Rahmen des Ausführungsprozesses dann ausgeführt, wenn bei der Transformation eines Modells das Modellelement gefunden wird, für das sie definiert worden sind. Dies wollen wir als implizite Ausführung verstehen. *non-top-level*-Relationen werden nur dann ausgeführt und abgearbeitet, wenn sie von anderer Stelle, aus einer anderen Relation heraus, aufgerufen werden; dies ist eine explizite Ausführung.

In einer Transformation muss es mindestens eine *top-level*-Relation geben, sonst bewirkt die Transformation gar nichts. In dem folgenden Beispiel sind all die Relationen als *top-level* markiert, die Elemente betreffen, die als `elements` im obersten Paket des Modells liegen können, also `Packages`, `Classes`, `Associations`.

Beispiel:

```
transformation UmlToRdbm ( uml  : SimpleUML,
                           rdbm : SimpleRDBM )
{
   -- keys
   top relation PackageToSchema { /* body */ }
   top relation ClassToTable    { /* body */ }
   top relation AssocToFKey     { /* body */ }
   relation AttributeToColumn   { /* body */ }
   -- queries
}
```

Ein Modell wird eingelesen, und mit dem Erkennen eines bestimmten Modellelementes wird die entsprechende Relation aufgerufen. Wenn zum Beispiel bei der Abarbeitung eines Modells ein `Package` gelesen wird, wird nach einer entsprechenden *top-level*-Relation gesucht und diese, in diesem Fall `PackageToSchema`, aktiviert. Wenn eine Klasse gefunden wird, wird `ClassToTable` aktiviert, und so weiter. `AttributeToColumn` wird nur dann ausgeführt, wenn sie explizit, zum Beispiel innerhalb von `ClassToTable`, aufgerufen wird. Wie, werden wir noch sehen. Welches die richtige Wahl für *top-level*-Relationen ist, soll später im Rahmen der Entwicklung des konkreten Beispiels ebenfalls noch erörtert werden.

Natürlich können alle Relationen, also auch *top-level*-Relationen, durch expliziten Aufruf ausgeführt werden. Dabei gelten folgende Regeln:

- *top-level*-Relationen können nur in **when**- Klauseln aufgerufen werden.
- *non-top-level*-Relationen können nur in **where**-Klauseln aufgerufen werden.

Beispiel:

```
transformation UmlToRdbm ( uml  : SimpleUML,
                           rdbm : SimpleRDBM )
{
   top relation PackageToSchema { /* body */ }

   top relation ClassToTable
   {
      /* body */

      when
      {
         PackageToSchema    (/* arguments */);
      }

      where
      {
         AttributeToColumn (/* arguments */);
         AssocToFKey       (/* arguments */);
      }
   }

   top relation AttributeToColumn { /* body */ }

   relation AssocToFKey { /* body */ }
}
```

Mit jeder Ausführung von `ClassToTable` wird zuerst `PackageToSchema` aufgerufen und damit sichergestellt, dass zu dem `Package`, in dem die Klasse sich befindet, ein korrektes `Schema` im Datenmodell existiert. In der **where**-Klausel werden dann für jede Klasse nach Erzeugung der Tabelle im Datenmodell mittels `AttributeToColumn` und `AssocToFKey` die Spalten der Tabelle und die Beziehungen zwischen den Klassen durch Fremdschlüssel ermittelt.

3.4.3 Domänen

Eine Relation stellt Beziehungen her zwischen Elementen von Modellen. Für Transformationen gilt grundsätzlich, dass alle Relationen zwischen den Modellen gültig sein müssen. Die Definition der Regeln für die Gültigkeit wird mit Hilfe von sogenannten Domänenmustern (*domain pattern*) vorgenommen, die in Form einer Domäne (**domain**) einer Relation hinzugefügt werden.

Eine Domäne wird auch bezeichnet als getypte Variable, die ein Modellelement eines gegebenen Metamodells in einer speziellen Ausprägung repräsentiert. Die Variable, die das Modellelement repräsentiert, ist die *Root*-Variable. Die Signatur der Domäne besteht aus dem Namen des Modells, der Deklaration der *Root*-Variablen mit Variablennamen und Typ. Dann folgt die Spezifikation der Domäne in Form eines Domänenmusters.

Syntax:

```
[<checkEnforceQualifier>] domain <modelId>
                                 <root variable declaration>
{
   <pattern definition>
};
```

Die Gültigkeit von Domänen wird geprüft (**checkonly**) oder erzwungen (**enforce**).

Syntax:

```
[checkonly | enforce] domain <modelId>
                             <root variable declaration>
{
   <pattern definition>
};
```

Mit `modelID` wird das Modell bezeichnet, das Gegenstand der Betrachtung ist. Das Modell ist stets ein Exemplar der Argumentenliste der Transformation. Anhand des *Check-Enforce*-Qualifizierungsmerkmals (**checkonly**, **enforce**) kann festgelegt werden, ob das betroffene Modell ein Quellmodell oder ein Zielmodell ist.

Beispiel:

```
transformation UmlToRdbm ( uml  : SimpleUML,
                           rdbm : SimpleRDBM )
{
   -- keys

   top relation PackageToSchema
   {
      checkonly domain uml  pckg : Package
      {
         /* domain pattern */
      };
```

```
        enforce  domain rdbm schm : Schema
        {
           /* domain pattern */
        };
     }
     -- queries
  }
```

In der Domänenmuster-Definition (*pattern definition*) erfolgt die Spezifikation der Eigenschaften des bezeichneten Modellelementes. `PackageToSchema` zum Beispiel ist eine Relation, die eine Beziehung zwischen `Packages` im Modell `uml` auf der einen Seite und `Schemas` im Modell `rdbm` auf der anderen Seite definiert. Die *Root*-Variablen `pckg` und `schm` sind gewissermaßen Platzhalter für die gültigen Ausschnitte der Modelle. `pckg` repräsentiert die Menge aller `Packages` in `uml`, die das definierte Domänenmuster erfüllen. Die Ausprägung der *Root*-Variablen wird hergestellt durch Ausführen einer speziellen Anweisungsfolge, was als Domänenmuster beschrieben wird. Damit beschäftigen wir uns später.

Eine Domäne besteht also stets aus einem Definitionsteil und einem Anweisungsteil. So gesehen ist eine Domäne nicht nur, wie in der QVT-Spezifikation definiert, eine getypte Variable, sondern sie besitzt auch eine prozedurale Komponente, mit der ein bestimmter Ausschnitt in dem referenzierten Modell konkret beschrieben und durch *Pattern Matching* geprüft oder erzeugt wird. Man muss sich also beim Ablauf von Transformationen klar sein, dass bei der Abarbeitung der Relationen die Domänen ausgeführt werden, dass im Rahmen des beschriebenen Domänenmusters ein *Pattern Matching* durchgeführt wird. Dabei gilt die Semantik *check-before-enforce*. Zuerst erfolgen die Prüfaktionen, im Falle eines positiven Prüfergebnisses werden die Generierungsaktionen ausgeführt.

Es kann vorkommen, dass in den beteiligten Metamodellen Elemente mit gleichem Namen existieren (*ambiguous names*). In dem Fall müssen die Typnamen der Root-Variablen voll spezifiziert werden mit

```
<metaModellID>::<root variable name>
```

also zum Beispiel

```
pckg : SimpleUML::Package
```

In diesem Fall handelt es sich um ein *Root*-Objekt vom Typ `Package` des Metamodells `SimpleUML`. Die volle Spezifikation ist ansonsten optional.

Beispiel:

```
top relation PackageToSchema
{
   checkonly domain uml  pckg : SimpleUML::Package
   {
      /* domain pattern */
   };
```

```
    enforce   domain rdbm schm : SimpleRDBM::Schema
    {
       /* domain pattern */
    };
}
```

Der Anweisungsteil (*pattern expression*) des Domänenmusters setzt sich zusammen aus einer oder mehreren durch Kommata getrennten Zuweisungsoperationen (*template expressions*). Dabei handelt es sich entweder um *object template expressions*, die Modellelemente zum Gegenstand haben, oder um *variable template expressions*, die sich auf zuvor deklarierte Variablen beziehen.

Syntax:

```
[checkonly | enforce] domain <modelId>
                             <root variable declaration>
{
   <template expression>[, <template expression> ]*
};
```

Beispiel:

```
top relation PackageToSchema
{
   packageName : String;
   checkonly domain uml  pckg : Package
   {
      name = packageName
   };
   checkonly domain rdbm schm : Schema
   {
      name = packageName
   };
}
```

In diesem Beispiel handelt es sich um eine *variable template expression*. `packageName` vom Typ `String` ist eine freie Variable, die als Hilfsmittel zur Zwischenspeicherung des `Package`-Namens dienen soll. Auf der linken Seite der Zuweisungsoperation befindet sich stets eine Komponente der *Root*-Variablen, `name` repräsentiert zum Beispiel `pckg.name`, der Name des `Packages`, bzw. `schm.name`, der Name des `Schemas`. (Die „`.`"-Notation ist in Domänenmustern der *Relations Language* nicht erlaubt.) Auf der rechten Seite kann ein konkreter Wert, eine freie Variable oder auch ein OCL-Ausdruck vorkommen. Im Fall eines komplexeren OCL-Ausdrucks auf der rechten Seite handelt es sich um eine *Inline*-Objekterzeugung, die wir noch kennen lernen werden.

Mit jeder Ausführung der Relation erhält `packageName` den aktuellen Wert von `pckg.name`, denn *check* wird ja vor *enforce* ausgeführt. `pckg.name` wird durch das *Pattern* nicht verändert, wegen des **`checkonly`**-Status. In der folgenden Domäne wird dem aktuellen Schema `schm.name` der Wert von `packageName` zugewiesen. Dadurch wird erreicht, dass mit jeder Ausführung der Relation ein Schema generiert wird, „erzwungen" wird, welches den gleichen Namen hat wie das Package,

```
schm.name = pckg.name.
```

Das müssen wir uns noch einmal an einem komplexeren Beispiel ansehen, denke ich. Klassen des Metamodells `SimpleUML` besitzen die Attribute `name`, `kind` und `namespace`. `namespace` resultiert aus der Assoziation des `Classifiers` zu `Package`; `namespace` sagt also aus, in welchem Paket eine Klasse sich befindet. Tabellen des Metamodells `SimpleRDBM` besitzen die Attribute `name`, `kind`, `schema`. Analog zu `namespace` sagt `schema` aus, dass die Tabelle sich in einem bestimmten Schema des Datenmodells befindet.

Beispiel:

```
top relation ClassToTable
{
   className : String;
   pckg      : Package;
   schm      : Schema;

   checkonly domain uml  cls : Class
   {
      kind      = 'persistent',
      name      = className,
      namespace = pckg
   };

   enforce   domain rdbm tbl : Table
   {
      name      = className,
      schema    = schm
   };

   when { PackageToSchema ( pckg, schm ); }
}
```

`ClassToTable` ist eine Relation, die zwei Domänen enthält, mit denen Klassen eines simplen UML-Modells in Tabellen eines simplen RDBM-Modells überführt werden sollen. Dabei geht es nur um solche Klassen, die das Merkmal `'persistent'` haben. Die Namen dieser Klassen werden in der freien Variablen `className` zwischengespeichert. Die generierten Tabellen sollen den Namen aus `className` übernehmen. `namespace` und `schema` sind jeweils komplexere Eigenschaften vom Typ `Package` einerseits und `Schema` andererseits, die mit umfassenderen Zuweisungsoperationen versorgt werden. Das tun wir hier durch eine entsprechende Vorbedingung

```
when { PackageToSchema ( pckg, schm ); }
```

Für den Ablauf bei der Ausführung von Relationen gilt die oben bereits erwähnte *check-before-enforce*-Semantik. Eine Relation kann über mehrere **checkonly**-Domänen verfügen, mit denen die gültigen Quellmodellkandidaten einer Transformation ermittelt werden, und über mehrere **enforce**-Domänen, mit denen die Elemente der Zielmodelle beschrieben werden. Ganz gleich, wo sich die jeweiligen Domänen in der Relation befinden, es werden zuerst die **checkonly**-Domänen abgearbeitet, der Reihe nach, bevor die **enforce**-Domänen behandelt werden. Die **enforce**-Domänen werden auch nur auf die Modellkandidaten angewendet, die sich bei der Selektion mit den **checkonly**-Patterns als gültige Kandidaten ergeben haben; alle Patterns müssen erfüllt sein. Wenn es in dem Modell des obigen Beispiels keine Klassen mit dem Merkmal `'persistent'` gibt, dann werden auch keine Tabellen generiert. Es gibt zwar ein RDBM-Schema, das ist aber leer.

3.4.4 when- und where-Klauseln

Wie können wir sicher sein, dass Tabellen immer in dem Schema (`schm`) landen, welches aus dem Package (`pckg`) generiert ist, in dem sich die Klassen befinden?

Für die Ausführung von Relationen können zusätzlich bestimmte Prädikate vorgegeben werden, **when**- und **where**-Klauseln, mit denen spezielle Gegebenheiten geprüft oder hergestellt werden. Eine Relation kann jeweils eine dieser Prädikate besitzen.

- Die **when**-Klausel legt dabei Gegebenheiten fest, die für die Relation, die diese Klausel enthält, zutreffen müssen, damit die Relation überhaupt ausgeführt werden kann (Vorbedingung).
- Die **where**-Klausel definiert einen Zustand, der von allen Modellelementen dieser Relation grundsätzlich und jederzeit während der Abarbeitung der Relation erfüllt sein muss (Invariante).

Das bedeutet, eine **when**-Klausel wird einmal zu Beginn einer Relation abgearbeitet; eine **where**-Klausel wird jedes Mal abgearbeitet, sofern ein Zugriff auf eine veränderbare Variable erfolgt, zum Beispiel in **enforce**-Domänen. Die Prädikate bestehen aus beliebigen OCL-Ausdrücken, die durch Semikola voneinander getrennt sind.

Syntax:

```
-- pre-clause
when  { [<OclExpression>;]+ }

-- general-clause
where { [<OclExpression>;]+ }
```

Die **when**-Klausel definiert also voraussetzende Zustände für die Ausführung der Relation, die **where**-Klausel definiert Zustände, die während der Ausführung ständig geprüft und hergestellt werden, sofern auf eine der benutzten Variablen zugegriffen wird. Betrachten wir zunächst die **where**-Klausel an einem

Beispiel:

```
transformation HelloWorld ( uml : SimpleUML )
{
   top relation NewPackage
   {
      packageName : String;

      enforce   domain uml pckg : Package
      {
         name = packageName
      };

      where
      {
         packageName = 'HelloWorld';
      }
   }
}
```

In dem Moment, wo in der **enforce domain** `uml` auf die freie Variable `packageName` zugegriffen wird, wird für `packageName` mit der **where**-Klausel ein definierter Zustand hergestellt, nämlich `packageName` erhält den Wert `'HelloWorld'`. Damit liegt dann für die Domäne ein definierter Zustand vor und es kann eine `Package` mit diesem Namen erzeugt werden. Als Beispiel für eine **when**-Klausel gehen wir noch einmal zurück zu der etwas komplexeren Relation `ClassToTable`.

Beispiel:

```
top relation ClassToTable
{
   className : String;
   pckg      : Package;
   schm      : Schema;
```

```
        checkonly domain uml  cls : Class
        {
           namespace = pckg,
           kind      = 'persistent',
           name      = className
        };

        enforce   domain rdbm tbl  : Table
        {
           schema    = schm,
           name      = className
        };

        when  { PackageToSchema ( pckg, schm ); }
    }
```

Wir hatten ja gefordert, dass Tabellen `tbl`, die aus Klassen `cls` generiert werden, in den `Schemas` liegen sollen, die aus den `Packages` hervorgegangen sind, die die `namespaces` der Klassen `cls` sind. Das heißt, bevor `ClassToTable` ausgeführt wird, muss die Vorbedingung mit „`PackageToSchema(pckg,schm);`" geprüft und gegebenenfalls hergestellt werden. Damit ist die einleitende Frage beantwortet.

Der Ablauf ist konkret:

1. Zunächst wird die „**`checkonly domain`** `uml cls`" ausgeführt und eine gültige Klasse `cls` beschrieben. Diese ist '`persistent`', sie besitzt einen Namen, der der Variablen `className` zugewiesen wird, und einen `namespace`, welcher dem Objekt `pckg` zugewiesen wird.
2. Als nächstes wird die **`when`**-Klausel ausgeführt und zu dem `Package pckg` ein `Schema schm` erzeugt, sofern dies nicht bereits existiert.
3. Danach wird die „**`enforce domain`** `rdbm tbl`" ausgeführt und mit dem nun bekannten `Schema schm` und `className` eine Tabelle in `schm` erzeugt.
4. Sofern es eine **`where`**-Klausel gibt, wird diese jedes Mal aufgerufen, wenn in einer **`enforce domain`** eine Variable oder ein Objekt verändert wird.

3.4.5 Relation Calls und Function Calls

`when`- und **`where`**-Klauseln können beliebige OCL-Ausdrücke enthalten. Mit **`when`**- und **`where`**-Klauseln ist aber auch der explizite Aufruf und die Ausführung von Relationen und *Helper*-Funktionen möglich, wobei folgende Regeln beachtet werden müssen:

1. *top-level*-Relationen dürfen nur in **`when`**-Klauseln explizit aufgerufen werden.

2. *Non-top-level*-Relationen dürfen nur in **where**-Klauseln aufgerufen werden.
3. Funktionen dürfen nur in **where**-Klauseln aufgerufen werden.

Beispiel:

```
transformation UmlToRdbm ( uml  : SimpleUML,
                           rdbm : SimpleRDBM )
{
   top relation PackageToSchema
   {
      checkonly domain uml  pckg : Package
      {
         /* domain pattern */
      };

      enforce   domain rdbm schm : Schema
      {
         /* domain pattern */
      };
   }

   top relation ClassToTable
   {
      checkonly domain uml  cls : Class
      {
         /* domain pattern */
      };

      enforce   domain rdbm tbl : Table
      {
         /* domain pattern */
      };

      when
      {
         PackageToSchema   ( pckg, schm );
      }

      where
      {
         PrimitiveAttributeToColumn ( cls, tbl );
      }
   }

   relation PrimitiveAttributeToColumn
   {
      checkonly domain uml  cls : Class
      {
         /* domain pattern */
      }
```

```
        enforce   domain rdbm tbl : Table
        {
           /* domain pattern */
        }
    }
}
```

Bei dem Aufruf der Relation `PrimitiveAttributeToColumn` in dem obigen Beispiel handelt es sich um eine *RelationCallExpression*. Einem Relationsaufruf müssen Argumente mitgegeben werden, die den *Root*-Variablen der Domänen entsprechen, die in der aufgerufenen Relation definiert sind. Ein Relationsaufruf hat also stets so viele Argumente, wie die gerufene Relation Domänen besitzt. Und der Typ des Argumentes ist gleich dem Typ der entsprechenden *Root*-Variablen. So können explizit Relationen gestartet werden, auch und gerade *non-top-level*-Relationen, die sonst implizit nicht abgearbeitet würden.

Das gilt in ähnlicher Weise auch für Funktionen. *Helper*-Funktionen können auch nur explizit aufgerufen werden. Schauen wir uns dazu einmal folgendes Beispiel an, in dem zu einem OCL-Datentyp ein SQL-Datentyp ermittelt werden soll.

Beispiel:

```
relation PrimitiveAttributeToColumn
{
   propertyTypeName,
   attributeName,
   className,
   sqltype : String;

   checkonly domain uml cls : Class
   {
      -- Beschreibung von Bedingungen für die
      -- Attribute der Class
      attribute = attr : Attribute
      {
         name = attributeName,

         type = pdt : PrimitiveDataType
         {
            name = propertyTypeName
         }
      }
   };

   enforce domain rdbm tbl : Table
   {
      -- Beschreibung der Domänen der Tabelle
      column = cl : Column
      {
         name = className,
```

```
            -- immer wenn sqltype benötigt wird, wird
            -- mit der where-Klausel ein korrekter Wert
            -- hergestellt
            type = sqltype
        }
    };

    where
    {
        sqltype = PrimitiveTypeToSqlType
                    ( propertyTypeName );
    }
}
```

Mit `PrimitiveTypeToSqlType` wird eine Hilfsfunktion, eine **query**, aufgerufen. Diese leitet aus dem Typnamen des primitiven SimpleUML-Datentypes einen entsprechenden SQL-Datentyp `sqltype` ab. Auf **queries**, deren Definition und Benutzung, werden wir später noch zurückkommen. Zuvor erst einmal eine Sonderform von Domänen.

3.4.6 *Primitive Domänen*

Wir haben oben gesehen, dass bei einem Relationsaufruf in Abhängigkeit von den Domänen der aufgerufenen Relation Argumente übergeben werden müssen. Um nun auch Werte von einfachen Datentypen als Argumente übergeben zu können, gibt es spezielle Domänen, primitive Domänen (**primitive domain**). Primitive Domänen sind Domänen, die lediglich eine Domänensignatur besitzen, aber kein Domänenmuster. Der Typ des *Root*-Objektes kann entweder ein primitiver OCL-Datentyp sein, ein strukturierter OCL-Datentyp oder auch eine Metaklasse.

Syntax:

```
primitive domain <identifier> : [ <SimpleType>
                                | <CollectionType>
                                | <MetaClass> ];
```

Beispiel:

```
relation PrimitiveAttributeToColumn
{
   columnName : String;

   checkonly domain uml  cls : Class
   {
      /* domain pattern */
   }
```

```
    enforce   domain rdbm tbl  : Table
    {
       /* domain pattern */
    }

    primitive domain prefix    : String;
}
```

Der Aufruf von `PrimitiveAttributeToColumn` kann nun folgendermaßen sein:

```
top relation ClassToTable
{
   pref : String;

   checkonly domain uml  cls : Class
   {
      /* domain pattern */
   }

   enforce   domain rdbm tbl  : Table
   {
      /* domain pattern */
   }

   when  { PackageToSchema ( pckg, schm ); }

   where
   {
      pref = 'IrgendeinStringWert';

      PrimitiveAttributeToColumn ( cls, tbl, pref );
   }
}
```

Es werden nicht die *Root*-Objekte der Domänen übergeben, sondern zudem ein primitives `String`-Objekt. Primitive Domänen besitzen kein *Pattern*, wohingegen Domänen vom Typ **checkonly** oder **enforce** immer durch ein Pattern spezifiziert sind. Primitive Domänen dienen ähnlich wie aktuelle Parameter dem Zweck, Argumente von einer aufrufenden Relation an eine aufgerufene Relation weiterzureichen. Aus dem Grund werden primitive Domänen auch häufig verwendet in *non-top-level*-Relationen, die durch Aufruf in **where**-Klauseln anderer Relationen aktiviert werden.

Beispiel:

```
transformation UmlToRdbm ( uml  : SimpleUML,
                           rdbm : SimpleRDBM )
{
  top relation PackageToSchema
  {
     packageName : String;
     prefix      : String;

     checkonly domain uml  pckg : Package
     {
        name = packageName
     };
     enforce   domain rdbm schm : Schema
     {
        name = packageName
     };
     where
     {
        prefix = 'HelloWorld';
        SchemanameWithPrefix (pckg, schm, prefix);
     }
  }

  relation SchemanameWithPrefix
  {
     cName  : String;
     cName1 : String;

     checkonly domain uml  pckg : Package
     {
        name = cName1
     };

     enforce   domain rdbm schm : Schema
     {
        name = cName
     };

     primitive domain prefix : String;

     where
     {
         cName = if   prefix = ''
                 then cName1
                 else prefix + '_' + cName1
                 endif;
     }
   }
}
```

Dadurch, dass in `SchemanameWithPrefix` die **`primitive domain prefix`** aufgeführt ist, kann in dem Relationsaufruf ein möglicher Präfix für den Namen übergegeben werden, welcher bei der Aufbereitung des Schemanamens berücksichtigt wird.

3.4.7 Hilfsfunktionen – Queries

Neben Relationen kann eine Transformation auch Hilfsfunktionen besitzen, sogenannte *Helper* oder *Queries* (**`query`**). *Queries* sind seiteneffektfreie Operationen; sie dürfen keine direkten Auswirkungen auf die beteiligten Modelle haben, wie das zum Beispiel bei einer Relation mit einer **`enforce`**-Domäne der Fall ist. *Queries* sind somit Hilfsmittel, die zum Beispiel auch zur besseren Strukturierung von Relationen verwendet werden können. Sie besitzen eine Signatur mit der Angabe des Funktionsnamens, eine optionale Liste von Argumenten und einen optionalen Ergebnistyp. Der Rumpf einer Funktion besteht im Allgemeinen aus einem OCL-Ausdruck.

Syntax:

```
query <identifier> ( [<paramDeclaration>[,
                       <paramDeclaration>]*
                     ] ) : <returnType>
[ {
      [(] <OclExpression> [)]
  }
| ; ]
```

In dem folgenden Beispiel werden wir uns die **`query`** `PrimitiveType-ToSqlType` vornehmen, die wir oben bei der Erläuterung des *Function Call* bereits benutzt haben. Diese **`query`** erhält eine Zeichenkette als Argument, interpretiert diese und liefert eine Zeichenkette zurück, nämlich den ermittelten SQL-Datentyp.

Beispiel:

```
query PrimitiveTypeToSqlType ( primitiveType : String )
: String
{
    if  primitiveType = 'INTEGER'      then 'NUMBER'
    else if  primitiveType = 'BOOLEAN' then 'BOOLEAN'
            else 'VARCHAR'
            endif
    endif
}
```

QVT-Sprachen erlauben zudem, dass der Rumpf von Funktionen als *Black-Box*-Anwendung realisiert wird, der in einer beliebigen Programmiersprache, z.B. Java, implementiert ist. In dem Fall besteht die **query** nur aus einer Signatur und der Rumpf im Script ist nicht weiter ausformuliert. In dem folgenden Beispiel würde die oben beschriebene Funktionalität von `PrimitiveTypeToSqlType` durch eine externe *BlackBox*-Implementierung in Java realisiert.

Beispiel:

Deklaration:

```
query PrimitiveTypeToSqlType
      ( primitiveType : String ) : String;
```

Implementierung:

```
public class PrimitiveTypeToSqlType
{
  String PrimitiveTypeToSqlType (String primitiveType)
  {
     if ( primitiveType == "INTEGER" )
        return "NUMBER";
     else
     if ( primitiveType == "BOOLEAN" )
        return "BOOLEAN";
     else
        return "VARCHAR";
  }
}
```

(Diese leistungsfähige Technik wird von dem vorgestellten und hier eingesetzten Werkzeug mediniQVT – noch – nicht unterstützt. *BlackBox*-Funktionen werden mit mediniQVT realisiert, indem mit Hilfe des *Eclipse Modeling Framework* die **queries** als Operationen dem Metamodell hinzugefügt werden, in unserem Fall zum Beispiel dem Modellelement `Table` im Metamodell `SimpleRDBM`.)

Regeln:

1. Funktionen können in den *Patterns* von *Domänen* oder in den **when**- und **where**-Klauseln der Relationen aufgerufen werden.
2. Wenn ein Rückgabewert angegeben ist, dann muss die Funktion über eine Zuweisung mit einer Variablen des entsprechenden Typs gebunden sein.

Syntax:

```
[ <identifier> = ] <identifier> ( [ <argument>[,
                                   <argument>]*] );
```

Beispiel:

```
relation PrimitiveAttributeToColumn
{
   sqltype : String;

   -- domains
   where
   {
      -- Aufruf einer Funktion zur Feststellung
      -- des SQL-Datentypes
      sqltype = PrimitiveTypeToSqlType (propertyName);
   }
}
```

3.4.8 Variablen und Objekte

Variablen sind uns bisher schon oft begegnet. Es handelt sich grundsätzlich um alle benannten Elemente eines Transformationsscriptes, die einen spezifizierten Typ haben.

Syntax:

```
<identifier>[, <identifier>]* : <Type>;
```

Beispiele:

```
-- primitive OCL Typen
packageName   : String;
className     : String;
attributeName : String;
srcClassname  : String;
destClassname : String;
fKeyname, fKeyColumnName : String;
```

Die Deklaration von Variablen erfolgt in Anlehnung an die OCL-Spezifikation. Die Datentypen von Variablen sind also entweder einfache OCL-Datentypen (`Integer, Real, Boolean, String`), komplexe OCL-Datentypen (**`Collection, Set, Bag,`** `OrderedSet,` **`Sequence`**) oder Komponenten von Metamodellen. Wenn der Variablentyp ein Metamodell ist oder ein bestimmtes Element, welches in einem Metamodell definiert ist, dann sprechen wir von einer Instanz oder Instantiierung eines Objektes oder auch Objektvariablen.

Beispiele:

```
-- Metamodell-Elemente
Pckg : Package;
schm : Schema;
srcTable, destTable : Table;
pKey : Key;
```

Ein Metamodell kann im Rahmen einer Variablendeklaration angesehen werden wie die Definition einer komplexen OCL-Datenstruktur. Variablen, deren Typ ein Metamodell ist, zum Beispiel

```
uml  : SimpleUML
rdbm : SimpleRDBM
```

sind Namen für Modelle. Variablen, deren Typ die Komponente eines Metamodells ist, zum Beispiel

```
pckg : Package
schm : Schema
```

sind Namen für Objekte.

Mit den Objekten wird stets Bezug genommen auf Elemente in den vorgegebenen Modellen. Sie sind somit an die Modelle gebunden. Variablen sonst sind nicht gebunden, also frei. Variablen müssen deklariert werden; dies ist nur in Relationen möglich. Objekte sind durch ihre Bindung an Modelle bekannt. Es können jedoch, auch nur in Relationen, zusätzliche Hilfsobjekte deklariert werden.

Variablen und Objekte erhalten in Zuweisungsoperationen (*variable expressions*) Werte eines entsprechenden Typs. Dies wird auch mit Belegung der Variablen oder des Objektes bezeichnet.

Syntax:

```
<identifier> = <valueAssignment>
```

Beispiele:

```
name, kind, fKeyColumnName, fKeyName : String;

name = attributeName
kind = 'persistent'
fKeyColumnName = fKeyName      + '_tid'
fKeyName       = srcClassname  + '_'
               + attributeName + '_'
               + destClassname
namespace = pckg
schmema   = schm
```

Die Wertzuweisung von Variablen erfolgt entweder in Domänenmustern oder in **where**-Klauseln. In den Domänenmustern werden sie durch Kommata getrennt; in den **where**-Klauseln durch Semikola.

Beispiel:

```
top relation ClassToTable
{
   pckg       : Package;
   schm       : Schema;
   className  : String;
   hlpClsName : String;

   checkonly domain uml cls : Class
   {
      namespace = pckg,
      name      = className,
   };

   enforce   domain rdbm tbl : Table
   {
      schema    = schm,
      name      = hlpClsName,
   };

   -- Objektzuweisung durch Transformation
   when  { PackageToSchema ( pckg, schm );  }

   -- Variablenzuweisung in where-Klausel
   where
   {
      hlpClsName = if classname = ' '
                   then 'irgendeinname'
                   else className
                   endif;
   }
};
```

Bei der Deklaration von *Root*-Objekten in Domänenmustern kann es dazu kommen, dass in verschiedenen Metamodellen Modellelemente mit gleichem Namen spezifiziert sind. Diesem *ambiguous names*-Problem kann man dadurch begegnen, dass bei der Deklaration von Objekten der Typ unter Verwendung des Metamodellnamens voll spezifiziert wird.

Beispiel:

```
top relation AssocToFKey
{
   ...

   -- Metamodell-Elemente
   cls                   : SimpleUML ::Class;
   srcTable, destTable : SimpleRDBM::Table;
   pKey                  : SimpleRDBM::Key;

   ...
}
```

3.4.9 Object Template Expressions und Inline-Objekterzeugung

Wir haben oben gesehen, dass wir es mit Variablen unterschiedlichen Typs zu tun haben. Auf der einen Seite handelt es sich um Variablen von primitiven OCL-Datentypen und auch ggf. Sammlungstypen. Auf der anderen Seite handelt es sich um Instanzen von Modellen oder von Modellelementen. Zuweisungsausdrücke, die Variablen zum Gegenstand haben, sind *variable expressions*. Zuweisungsausdrücke, die Objekte zum Gegenstand haben, sind *object expressions*. Ein *object template expression* ist ein Ausdruck innerhalb eines Domänenmusters, der sich auf ein Element des assoziierten Modells bezieht.

Beispiel:

```
pckg      : Package;
className : String;

checkonly domain uml   cls : Class
{
   namespace = pckg,
   name      = className
};
```

Die Domäne **domain** `uml` bezieht sich auf ein Modell vom Typ `SimpleUML`. Das Muster der Domäne ist insgesamt ein *object template expression*, welcher sich auf das Exemplar `cls` vom Typ `Class` bezieht. Das Domänenmuster enthält zwei Zuweisungsausdrücke, einen Variablenausdruck „`name = className`" und einen Objektausdruck „`namespace = pckg`".

Alternativ kann das Domänenmuster auch in folgender Weise implementiert werden.

Beispiel:

```
className : String;

checkonly domain uml   cls : Class
{
   namespace = pckg : Package {},
   name      = className,
};
```

Hier wird `pckg` implizit über einen inneren *object template expression* deklariert und verwendet. Eine explizite Deklaration der `pckg`-Variablen in der Relation ist nicht erforderlich und auch nicht erlaubt. Dieser Objektzuweisungsausdruck ist nicht ganz gleichwertig zu der Variante mit der vordeklarierten Objektvariablen.

Die Bedeutung der impliziten Zuweisung durch ein *object template expression* ist folgendermaßen:

```
namespace = pckg : Package {}
```

entspricht dem OCL-Ausdruck

```
namespace->includes(pckg)
```

wohingegen der Fall der object expression impliziert :

```
namespace = pckg
```

Genau genommen ist das Ergebnis der *template expression* also eine Sammlung von `Packages`, was wir in der Variablendeklaration zunächst nicht berücksichtigt haben. Das ist in unserem Beispiel auch unschädlich, da sich gemäß dem Metamodell `SimpleUML` Klassen immer nur in einem `namespace` befinden. Grundsätzlich schließen wir jedoch daraus, dass wir bei Zuweisungsoperationen innerhalb von Domänenmustern der *object template expression* den Vorzug geben sollten.

Beispiel:

```
top relation ClassToTable
{
   className : String;

   checkonly domain uml   cls : Class
   {
      namespace = pckg : Package {},
      name      = className,
   };
```

```
        enforce   domain rdbm tbl : Table
        {
           schema     = schm : Schema {},
           name       = className,
        };

        when  { PackageToSchema ( pckg, schm );  }
        where { }
    };
```

Etwas komplizierter wird es, wenn zum Beispiel in Zieltabellen Modellelemente generiert werden sollen, für die es in den Quellmodellen keinen Gegenpart gibt, der transformiert werden kann: zum Beispiel das identifizierende Merkmal einer Tabelle und darauf basierend der Primärschlüssel. In dem Fall wird mittels *Object Template Expressions* innerhalb der **enforce**-Domäne implizit die Generierung der entsprechenden Objekte des Zielmodells vorgenommen. Diese Technik wird als *Inline*-Objekterzeugung bezeichnet. Schauen wir uns dazu noch einmal das Beispiel `ClassToTable` an.

Beispiel:

```
top relation ClassToTable
{
   className : String;

   checkonly domain uml cls : Class
   {
       namespace = pckg : Package{},
       kind      = 'persistent',
       name      = className
   };

   enforce   domain rdbm tbl : Table
   {
       schema    = schm : Schema{},
       name      = className
   };

   when  { PackageToSchema ( pckg, schm ); }
}
```

Es sollen nur Klassen behandelt werden, die das Merkmal haben, `'persistent'` zu sein. Dann wird gewährleistet, dass zu den Klassen auch ein Schema existiert, in dem sie sich befinden sollen, abhängig von dem Package. Anschließend wird eine Tabelle in dem Schema erzeugt, welche den Namen der Klasse besitzt.

Damit nicht genug. Eine Tabelle im `SimpleRDBM`, die aus einer Klasse transformiert wird, soll eine zusätzliche numerische Spalte erhalten, die zur Identifizierung herangezogen wird. Unter Verwendung dieser zusätzlichen Spalte soll ein

Primärschlüssel generiert werden. Somit verfügt eine Tabelle zunächst über zwei Merkmale, `col` und `pKey`, die nicht aus den Metaklassen des `SimpleUML` abgeleitet werden können. Diese werden mittels *Inline*-Objekterzeugung kreiert und zwar im Rahmen einer **`enforce`**-Domäne `rdbm`.

Beispiel:

```
top relation ClassToTable
{
   className : String;

   checkonly domain uml cls : Class
   {
      namespace = pckg : Package{},
      kind      = 'persistent',
      name      = className
   };

   enforce  domain rdbm tbl : Table
   {
      schema    = schm : Schema {},
      name      = className

      -- inline Pattern zur Erzeugung des
      -- Table-Identifiers
      column    = col : Column
      {
         name   = className + '_TID',
         type   = 'NUMBER'
      }

      -- inline Pattern zur Erzeugung des
      -- PrimaryKeys unter Verwendung des obigen
      -- identifizierenden col
      primaryKey      = pKey : PrimaryKey
      {
         name   = className + '_PK',
         column = col : Column {}
      }
   };

   when  { PackageToSchema ( pckg, schm ); }
}
```

Nehmen wir uns erst einmal das zusätzliche identifizierende Merkmal vor. Dies erhält als Namen den Namen der Tabelle mit einem angehängten `'_TID'` für *Table Identifier*. Der Datentyp ist `'NUMBER'`. Als nächstes wird mit dem neuen Column der Primärschlüssel der Tabelle spezifiziert. Der Name wird gebildet aus dem Namen der Tabelle respektive Klasse und der angehängten Zeichenkette

'_PK'. Das Primärschlüsselattribut soll die neu generierte identifizierende Tabellenspalte `col` sein.

3.4.10 Rekursionen

Relationen und Funktionen sind Konstrukte der *Relations Language*, die von anderen Stellen aufgerufen werden können. Der Aufruf, die Benutzung, geschieht im Rahmen einer **where**-Klausel bei Funktionen und Relationen. Relationen können zudem auch in **when**-Klauseln aufgerufen werden. Wenn eine Funktion oder eine Relation sich selbst aufruft, dann sprechen wir von einer Rekursion. Dies kann entweder unmittelbar in der Funktion oder Relation selbst geschehen

Beispiel:

```
relation A
{
   checkonly domain uml  cls : Class {};
   enforce   domain rdbm tbl : Table {};
   where
   {
      A ( cls, tbl );
   }
}
```

oder über mehrere Aufrufebenen.

```
relation A
{
   checkonly domain uml  cls : Class {};
   enforce   domain rdbm tbl : Table {};
   where
   {
      B ( cls, tbl );
   }
}

relation B
{
   checkonly domain uml  cls : Class {};
   enforce   domain rdbm tbl : Table {};
   where
   {
      A ( cls, tbl );
   }
}
```

Um das Prinzip etwas anschaulicher zu machen, werden wir wieder einmal unser Beispiel `HelloWorld` bemühen, diesmal mit einer rekursiven **query**, um den Namen des Schemas zu ermitteln.

Beispiel:

```
transformation SimpleRecursion ( rdbm : MyRDBM  )
{
   top relation CreateSchema
   {
      enforce  domain rdbm sma : Schema
      {
         name = concatenation ( '' )
      };
   }

   query concatenation ( prefix : String ) : String
   {
      if   prefix = ''
      then concatenation ( 'Hallo' )
      else if   prefix = ' Hallo '
           then prefix + concatenation ( 'Welt' )
           else prefix
           endif
      endif
   }
}
```

Diese Transformation generiert durch zweimaligen rekursiven Aufruf der **query** `concatenation` ein Schema im `SimpleRDBM` namens `'Hallo-Welt'`. Der Abbruch von Rekursionen wird in *Relations Language*-Scripten in der Regel gesteuert durch das Vorkommen von Elementen in den Modellen. Falls zum Beispiel ein Paket Klassen und weitere Pakete besitzt, die wiederum Klassen enthalten können etc., die insgesamt durch einen rekursiven Ablauf zu Schemata und Tabellen umgewandelt werden sollen, so stoppt der Prozess dann, wenn alle Pakete und Tabellen des Quellmodells abgearbeitet worden sind. Dadurch, dass in **queries** Anweisungen durch OCL-Ausdrücke realisiert werden, sind beliebige rekursive Aufruffolgen und damit auch Endlosschleifen möglich, was natürlich verhindert werden sollte. Aber schauen wir uns das erst einmal an.

Beispiel:

```
query concatenation ( prefix : String ) : String
{
   if   prefix = ''
   then concatenation ( 'Hallo' )
   else if   prefix = 'Hallo'
        then prefix + concatenation ( 'Welt' )
        else concatenation ( 'HelloWelt' )
```

```
        endif
    endif
}
```

Hier wird so oft `concatenation` aufgerufen, bis es zu einem *stack overflow* kommt. Folgende Lösung ist zwar nicht besonders sinnvoll, der Fall „**then** `prefix`" wird nie erreicht, aber sie würde wenigstens abbrechen und das erwartete Ergebnis liefern.

Beispiel:

```
query concatenation ( prefix : String ) : String
{
    if   prefix = ''
    then concatenation ( 'Hallo' )
    else if   prefix = 'Hallo'
         then prefix + concatenation ( 'Welt' )
         else if   prefix = 'HalloWelt'
              then prefix -- wird nie erreicht
              else prefix
              endif
         endif
    endif
}
```

Das Prinzip des rekursiven Abstiegs

Modelle sind in der Regel rekursive Strukturen. Bestimmte Modellelemente enthalten Komponenten, die selbst weitere strukturierte Elemente enthalten können. In unseren simplen UML-Modellen zum Beispiel besitzen Klassen Attribute, deren Datentypen `Classifier` sind.

`Classifier` ist eine abstrakte Metaklasse und kann konkret ein `PrimitiveDataType` oder eine `Class` sein (Abbildung 3.6).

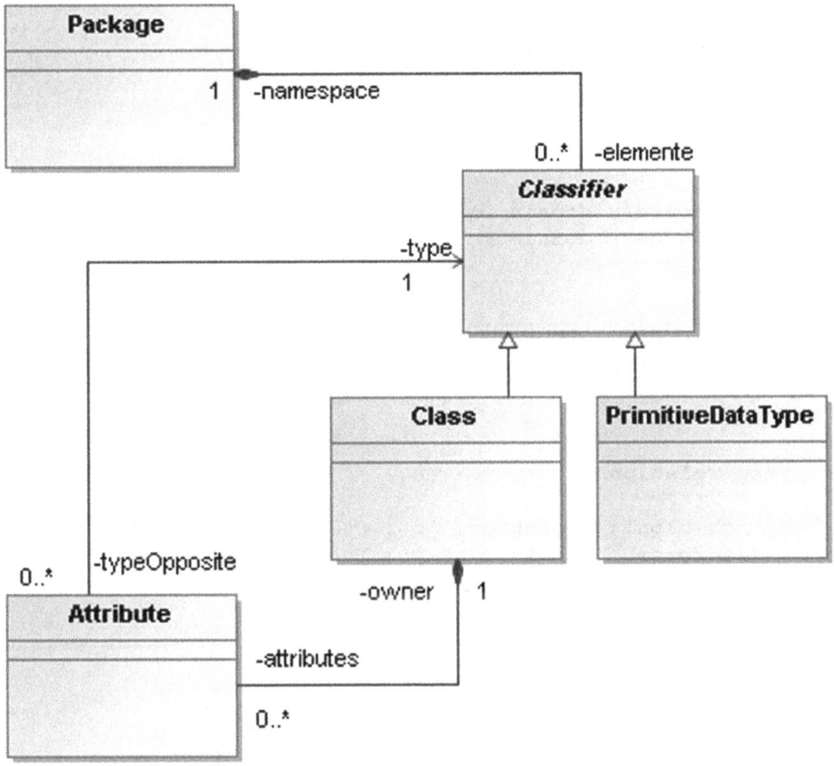

Abb. 3.6: Eine rekursive Struktur im Metamodell SimpleUML

Angenommen, dass für die Elemente des Metamodells, die nicht abstrakt sind, eine Relation vorgesehen wird,

Beispiel:

```
top relation PackageToSchema
{
   checkonly domain uml  p : Package {};
   enforce   domain rdbm s : Schema  {};
}

relation ClassToTable
{
   checkonly domain uml  p : Package {};
   enforce   domain rdbm s : Schema  {};
}
```

```
relation AttributeToColumn
{
   checkonly domain uml  c : Class {};
   enforce   domain rdbm t : Table {};
}

relation PrimitivDataTypeToSQLType
{
   checkonly domain uml  a : Attribute {};
   enforce   domain rdbm c : Column {};
}
```

dann wäre bei einer Transformation eines simplen UML-Modells in ein simples RDBM-Modell folgende Aufruffolge denkbar.

Beispiel:

```
top relation PackageToSchema
{
   checkonly domain uml  p : Package {};
   enforce   domain rdbm s : Schema  {};
   where { ClassToTable (p,s); }
}

relation ClassToTable
{
   checkonly domain uml  p : Package {};
   enforce   domain rdbm s : Schema  {};
   where { AttributeToColumn (cls,tbl); }
}

relation AttributeToColumn
{
   checkonly domain uml  c : Class {};
   enforce   domain rdbm t : Table {};
   where
   {
      -- Datatype is primitive
      PrimitivDataTypeToSQLType (attr,col);

      -- Datatype is class
      ClassToTbl (cls,tbl);
   }
}

relation PrimitivDataTypeToSQLType
{
   checkonly domain uml  a : Attribute {};
   enforce   domain rdbm c : Column {};
}
```

Dies entspricht dem Prinzip des rekursiven Abstiegs [Aho85, Aho08]. Metaklassen, die keine weiteren Elemente anderer Metaklassen enthalten können, wollen wir als terminale Metaklassen bezeichnen. Die anderen Metaklassen sind nicht-terminal. `PrimitiveDataType` ist demnach eine terminale Metaklasse, alle anderen sind nicht-terminal. Nicht-terminale Metaklassen rufen die Relationen auf, die ihre nachfolgenden Metaklassen realisieren. Dieses Prinzip stoppt natürlich bei den Relationen der terminalen Metaklassen. Das Aufrufprinzip des rekursiven Abstiegs, das auf Grund der rekursiven Strukturen der Metamodelle ein sehr wertvolles Konzept darstellt, wird uns in den späteren Kapiteln noch begegnen.

3.4.11 Keys

Das *Key*-Konzept in Transformationen haben wir im ersten Abschnitt dieses Kapitels kurz angerissen. Hier wollen wir uns nun etwas ausführlicher damit beschäftigen. Bei der Generierung von Objekten ist es nicht erwünscht, Duplikate zu erhalten. Um dies zu verhindern, können für die Objekte von Zielmodellen *Keys* (**`key`**) definiert werden als eine bestimmte Menge von Merkmalen, die beim *Pattern Matching* als identifizierende Eigenschaften herangezogen werden.

Mit dem *Key*-Konzept, das dem Primärschlüsselkonzept von relationalen Datenbanken entspricht, werden für Elemente des Zielmodells Attributkombinationen definiert, die beim Erzeugen von Exemplaren des Zielmodells auf Eindeutigkeit überprüft werden. Wenn also eine Ausprägung der *Key*-Elemente in dem Zielmodell bereits existiert, wird die weitere Erzeugung des bereits vorhandenen Objektes unterdrückt.

Ein Key wird definiert durch die Angabe einer `Class` des Metamodells, z.B. der `class Table` in `SimpleRDBM`, und einer Kombination von Merkmalen dieser Metamodellklasse, die auf Duplikate untersucht werden sollen.

Syntax:

```
[ key <metaclass> { <property>[, <property>]* }; ]*
```

Beispiel:

```
transformation  UmlToRdbm ( uml  : SimpleUML,
                            rdbm : SimpleRDBM )
{
   -- key der class Table in SimpleRDBM; es ist nur
   -- eine Klasse mit dem vorgegebenen Namen in
   -- dem Schema erlaubt
   key Table  ( name, schema );
```

```
    -- key der class Column in SimpleRDBM, die Column
    -- darf einer besitzenden Tabelle nur einmal
    -- zugeordnet sein
    key Column ( name, owner );

    -- key der class Key in SimpleRDBM, ein (Primary)
    -- Key darf einer besitzenden Tabelle nur einmal
    -- zugeordnet sein
    key Key    ( name, owner );

    /*
     * variables, relations, functions
     */
}
```

3.4.12 Kommentare

In *Relations Language*-Scripten sind Kommentare möglich. Kommentare, die sich über mehrere Zeilen erstrecken, werden mit /* ... */ geklammert. Mit -- werden Kommentare gekennzeichnet, die sich bis zum Ende der Zeile erstrecken. Ansonsten können Kommentare an beliebiger Stelle stehen.

Beispiel:

```
transformation Name ( model : ModelType )
{
    /*
     Kommentare über mehrere Zeilen
     */

    -- Kommentar von hier bis zum Ende der Zeile
    // Kommentar von hier bis zum Ende der Zeile
}
```

3.4.13 Relations Language und OCL

Die *Relations Language* basiert auf der von der OMG spezifizierten *Object Constraint Language* [OCL]. Das bedeutet auf der einen Seite, dass die *Relations Language* selbst auf der Grundlage von OCL definiert worden ist. Es bedeutet auf der anderen Seite aber auch, dass OCL-Anweisungen an verschiedenen Stellen in *Relations Language*-Transformationsscripten eingearbeitet werden können, um in den Domänen konkrete Bedingungen (*Constraints*) oder Kriterien zu formulieren. Domänenmuster können zum Beispiel wie folgt auf OCL-Anweisungen zurückgeführt werden:

```
c:Class
{
   kind = 'persistent',
   name = cn,
   attribute = a:Attribute {}
}
```

impliziert den OCL-Ausdruck:

```
c.kind = 'persistent' and
c.name = cn           and
c.attribute->includes(a);
```

Üblicherweise werden OCL-Ausdrücke in **`when`**- oder **`where`**-Prädikaten und in **`queries`** verwendet. OCL-Ausdrücke sind zum Beispiel

LiteralExpressions

Dies sind konstante Werte einfacher OCL-Basistypen.
Es gibt zum Beispiel
String Expressions, "`abcd`"
Integer Expressions, `1, 2, 3,` ...
Bool'sche Expressions, **`true`**, **`false`**

VariableExpressions

Deklarationen und Zuweisungsausdrücke

```
<typename>::<name>
```

Deklaration von Variablen und Objekten, insbesondere um einen bestimmten Kontext für ein Objekt herzustellen, zum Beispiel dann, wenn auf Grund von gleichen Namen Namenskonflikte auftreten könnten.

Beispiel:

```
SimpleUML ::Package
SimpleUML ::Class
UML       ::Class
SimpleRDBM::Schema
```

Wertzuweisung.

```
<name> = <name>
```

Beispiel:

```
str  : String;
lgth : Integer;
str  = 'HelloWorld';
lgth = str.size();
```

Benutzung von Attributen und Methoden von einfachen Objekten.

```
<objectname>.<name>
```

Beispiel:

```
cls  : SimpleUML::Class;
str  : String;
lgth : Integer;

str  = cls.name;
lgth = str.size();
```

Benutzung von Attributen und Methoden von Objekten von Sammlungstypen.

```
<objectname>-><name>
```

Beispiel:

```
top relation NewSchemaWithTables
{
   hello : Sequence (String);

   enforce   domain target schm  : Schema
   {
      name = 'HelloWorld',
      table = t1 : Table {name = hello->at(1)},
      table = t2 : Table {name = hello->at(2)}
   };

   where { hello = Sequence{'Hello', 'World'}; }
}
```

IfExpressions

Bedingte Ausdrücke mit einer Abfrage, einer Ausführungsanweisung bei Erfüllung der Abfrage und einer Alternative bei Nichterfüllung. Ein Beispiel für einen typischen OCL-Ausdruck, eine *IfExpression*, ist uns bereits bei den **queries** begegnet.

Beispiel:

```
query concatenation ( prefix : String ) : String
{
   if   prefix = ''
   then concatenation ( 'Hallo' )
   else if   prefix = 'Hallo'
        then prefix + concatenation ( 'Hallo' )
        else if   prefix = 'HalloWelt'
             then prefix
             else prefix
             endif
        endif
   endif
}
```

FunctionCallExpressions

Aufruf von Hilfsfunktionen in **`where`**-Blöcken

RelationCallExpressions

Aufruf von Relationen in **`when`**- oder **`where`**-Blöcken

3.5 Exemplarische Entwicklung von Transformationen

Wir haben die Grundkonzepte der *Relations Language* in relativ formaler Darstellung kennen gelernt. Damit können wir uns nun einem etwas umfassenderen Beispiel zuwenden, welches wir schon seit ein paar Seiten vor uns herschieben, der Transformation von simplen UML-Modellen (`uml:SimpleUML`) nach simplen relationalen Datenbankschemata (`rdbm:SimpleRDBM`). Der Prozess der Erstellung und Durchführung der Transformation wird in Abbildung 3.7 anhand eines exemplarischen MDA-Transformationspatterns veranschaulicht. Glücklicherweise haben wir hierfür auch die Metamodelle, nämlich die, die im Kapitel „MOF – Metamodelle und ihre Darstellung“ eingeführt worden sind. Wir werden uns nun also intensiv mit der Implementierung des Transformationsscripts `Uml2Rdbm` beschäftigen. Zur Wiederholung:

- Eine Transformation erfolgt an Modellen auf der Basis von spezifizierten Metamodellen.
- *Relations Language*-Transformationen bestehen aus Relationen zwischen Modellen und Modellelementen.
- Mit Relationen werden auf der Basis von Metamodellen gültige Beziehungen zwischen den Elementen der Modelle definiert. Die Transformation selbst ist eine Relation, die die Beziehung zwischen den betroffenen Modellen herstellt.

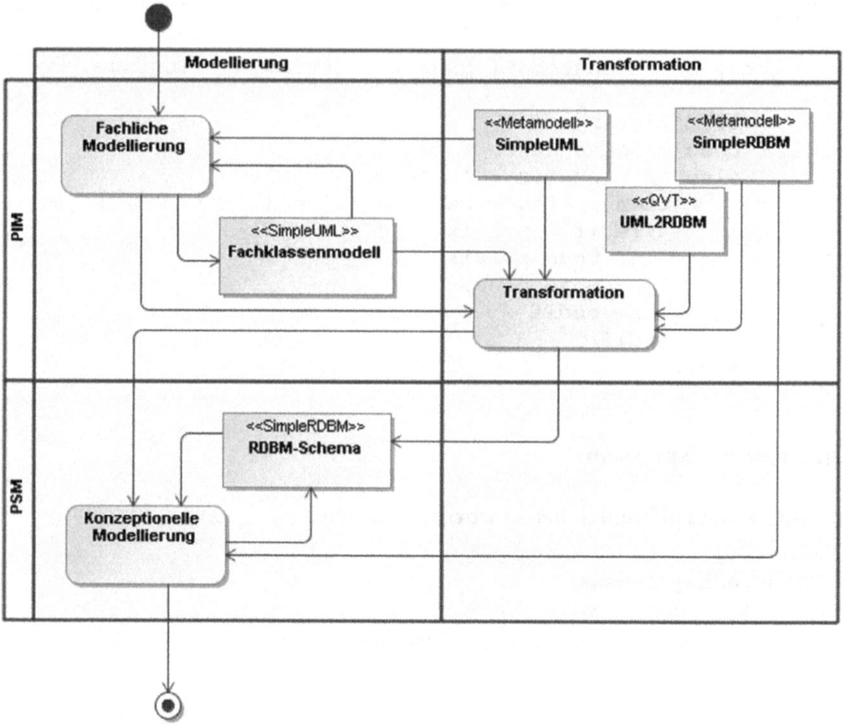

Abb. 3.7: UML2RDBM im MDA-Pattern

Die Abbildung 3.8 zeigt noch einmal das Diagramm des Beispiels Fachklassenmodell des Darlehensgeschäftes (vgl. Abbildung 2.2), welches für unser Vorhaben als erstes Quellmodell dienen soll. Als Rückblick: Abbildung 2.4 zeigt ein Beispiel eines Zielmodells im `SimpleRDBM`. Hiervon werden wir im Folgenden weitere Ausprägungen sehen.

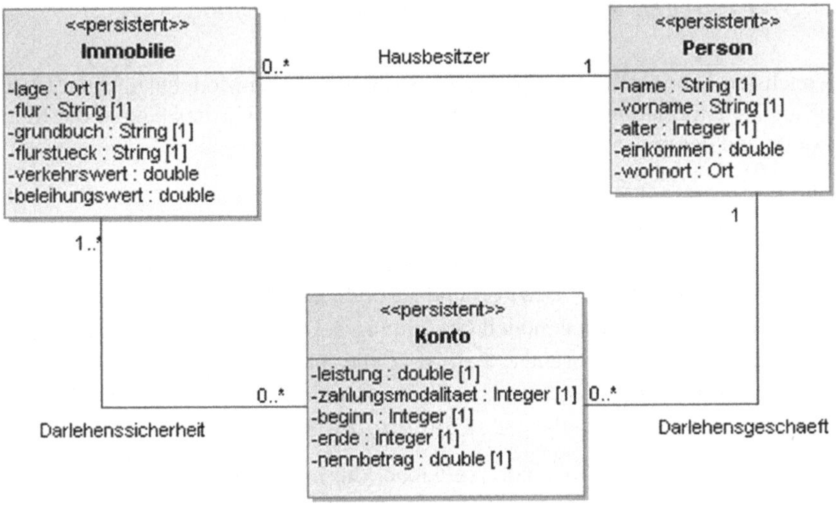

Abb.3.8: Das Package Darlehen – ein `SimpleUML`-Diagramm

3.5.1 *Signatur: Vorbereitung der Transformation*

In dem folgenden Beispiel soll ein Fachklassenmodell, welches in der Modellierungssprache `SimpleUML` entwickelt worden ist, in ein Modell der Modellierungssprache `SimpleRDBM` überführt werden. `UmlToRdbm` ist das *Relations Language*-Transformationsscript, mit dem die Transformation beschrieben und durchgeführt werden soll.

```
transformation UmlToRdbm ( uml  : SimpleUML,
                           rdbm : SimpleRDBM )
{
   -- keys
   -- relations
   -- queries
}
```

`uml` repräsentiert das Quellmodell, welches als Eingabe der Transformation übergeben wird. `rdbm` repräsentiert das Exemplar des Zielmodells, welches generiert und geliefert wird. Das heißt, `uml` und dessen Elemente werden Gegenstand von **`checkonly`**-Domänen sein, und `rdbm` und dessen Elemente werden Gegenstand der **`enforce`**-Domänen sein.

3.5.2 Festlegen und Klassifizieren der Relationen

Im nächsten Schritt müssen wir Relationen zwischen den Modellelementen finden und im Transformationsscript definieren. Dazu schauen wir uns einmal die Metamodelle und deren nicht abstrakte Klassen näher an:

- Das SimpleUML-Metamodell (Abbildung 2.1) definiert Packages, die Classes oder PrimitiveDataTypes besitzen. Die Bestandteile von Packages sind deren elements. Zwischen all diesen Elementen kann es Associations geben. Classes und DataTypes besitzen Attribute.
- Das SimpleRDBM-Metamodell (Abbildung 2.3) definiert Schemas, Tables und Beziehungen zwischen Tables, die über Keys aufgelöst werden. Tables besitzen Columns. Es gibt herausragende Columns, die als Keys zur Identifizierung und als ForeignKeys zur Referenzierung dienen.

Daraus ergeben sich folgende Aufgaben, die im Rahmen der Transformation zu lösen sind:

1. Eine Transformation muss Packages, Classes, PrimitiveDataTypes, Associations und Attributes behandeln.
2. Für jedes Package wird ein Schema im SimpleRDBM angelegt.
3. uml-Klassen werden, sofern sie das Merkmal haben, 'persistent' zu sein, zu Tabellen des rdbm-Modells transformiert.
4. Die Attribute dieser Klassen werden zu Spalten der Tabellen transformiert.
5. Für jede Tabelle soll zusätzlich eine weitere Spalte eingerichtet werden, <TableName>_ID, die zur Identifizierung der Tabelle dient. Das heißt, diese synthetische Tabellenspalte wird zur Bildung des Primärschlüssels (*Primary-Key*) herangezogen.
6. Assoziationen werden aufgelöst, indem für jede Assoziation eine zusätzliche Tabelle erzeugt wird mit dem Namen der Assoziation und den Referenzen auf die in Beziehung stehenden Tabellen. (Damit weiche ich von der in der QVT-Spezifikation vorgestellten Lösung ab. Dort werden Assoziationen durch Fremdschlüsselkonstrukte in der assoziierenden Tabelle aufgelöst. In Klassendiagrammen, auch in simplen, sind jedoch m:n-Beziehungen zwischen Klassen zugelassen. Diese lassen sich in Relationenmodellen nicht mehr durch Fremdschlüssel in einer assoziierenden Tabelle behandeln.)
7. Die Primärschlüssel der assoziierten Tabellen werden als ForeignKey der Assoziationstabelle hinzugefügt.

Wir erkennen also Relationen zwischen

- Packages und Schemas
- Classes und Tables
- Attributes und Columns
- Associations und Tables.

```
transformation UmlToRdbm ( uml  : SimpleUML,
                           rdbm : SimpleRDBM )
{
   -- keys
   relation PackageToSchema     { /* body */ }
   relation ClassToTable        { /* body */ }
   relation AttributeToColumn { /* body */ }
   relation AssocToTable        { /* body */ }
   -- queries
}
```

Damit sind alle Elemente erfasst, die in den Modellen direkt als Modellelemente auftreten können und im Rahmen der Transformation behandelt werden sollen. Um die Primärschlüssel und Fremdschlüssel kümmern wir uns später. Bei der Ausführung der Transformation würde aber noch nichts geschehen, da alle Relationen *non-top-level* sind, also darauf warten, dass sie von irgendwoher aufgerufen werden.
Grundsätzlich gilt:

- Relationen, von denen wir wollen, dass sie bei Ausführung einer Transformation implizit ausgeführt werden, sind Kandidaten für *top-level*-Relationen.
- Relationen, die nicht implizit, sondern explizit durch Aufruf ausgeführt werden sollen, sind Kandidaten für *non-top-level*-Relationen.

Das ist im Einzelfall natürlich schwierig zu entscheiden und muss gegebenenfalls nach dem nicht ganz wissenschaftlichen Prinzip „Versuch-und-Irrtum" (*trial and error*) festgestellt werden.

1. Lösung der Klassifizierung von Relationen

Es sollen die Modellelemente als *top-level*-Relationen behandelt werden, die in den Modellen als konkrete Modellelemente „in der obersten Schicht" liegen, die man also „als erstes sieht, wenn man das Modell betrachtet". Dies sind, betrachten wir noch einmal das Beispielmodell Abbildung 3.8, in unserem Beispiel `Packages`, `Classes` und `Associations`. Demzufolge werden die Relationen `PackageToSchema`, `ClassToTable` und `AssocToTable` als *top-level*-Relationen implementiert. Attribute zum Beispiel befinden sich innerhalb von Klassen, deswegen ist `AttributeToColumn` keine *top-level*-Relation.

```
transformation  UmlToRdbm ( uml  : SimpleUML,
                            rdbm : SimpleRDBM )
{
   -- keys
   top relation PackageToSchema { /* body */ }
   top relation ClassToTable    { /* body */ }
   top relation AssocToTable    { /* body */ }
   relation AttributeToColumn   { /* body */ }
   -- queries
}
```

Top-level-Relationen sind grundsätzlich gleichberechtigt. So, wie die Elemente im Quellmodell vorgefunden werden, werden die entsprechenden Relationen aktiviert. In dem Beispielmodell ist das oberste `Package Darlehen` das erste E-lement, welches eingelesen wird. Damit wird bei der Ausführung der Transformation mit `PackageToSchema` gestartet, danach werden in dieser Folge `ClassToTable` und `AssocToTable` abgearbeitet. `AttributeToColumn` muss explizit aufgerufen werden, zum Beispiel innerhalb von `ClassToTable`, damit alle `Attribute` einer `Class` zu `Columns` der aus der `Class` abgeleiteten `Table` transformiert werden.

2. Lösung der Klassifizierung von Relationen

Wenn in dem Metamodell eine klare hierarchische Struktur der Beziehungen zwischen den Elementen erkennbar ist, z.B. in der obersten Ebene gibt es nur ein `Package`, alle anderen Elemente befinden sich darin als `elements`, dann ist genau dieses Element ein Kandidat für eine *top-level*-Relation, alle anderen werden als *non-top-level*-Relationen implementiert. Die Abarbeitung erfolgt durch expliziten Aufruf. Diese Vorgehensweise entspricht dem *Prinzip des rekursiven Abstiegs.*

```
transformation  UmlToRdbm ( uml  : SimpleUML,
                            rdbm : SimpleRDBM )
{
   -- keys
   top relation PackageToSchema
   {
      /* domains */
     where  { ClassToTable ( /* arguments */ ); }
     where  { AssocToTable ( /* arguments */ ); }
   }

   relation ClassToTable
   {
      /* domains */
      where  { AttributeToColumn ( /* arguments */ ); }
   }
   relation AssocToTable         { /* body */ }
```

```
    relation AttributeToColumn      { /* body */ }

    -- queries
}
```

Wir werden uns im Folgenden zunächst mit dem 1. Lösungsansatz beschäftigen, weil dies auch der in der Spezifikation vorgestellte Lösungsweg ist. In einem späteren Kapitel werde ich auf den 2. Lösungsansatz noch einmal näher eingehen, da er in meinen Augen etwas systematischer und schlüssiger ist. Wir werden dann in einem weiteren Beispiel, in dem wir uns mit UML2-Modellen beschäftigen, sehen, dass der rekursive Abstieg oft der einzige Weg ist, Relationen zu konstruieren.

3.5.3 Festlegen der Domänen

In den Relationen wurde bisher beschrieben, <u>was</u> an Modellelementen behandelt werden soll, welche Elemente eines Modells in ein anderes transformiert werden, `Packages` nach `Schemas`, `Classes` nach `Tables`, `Associations` werden durch Assoziationstabellen aufgelöst, Attribute nach Spalten. Geliefert wird aber bisher noch nichts. Dazu müssen wir beschreiben, <u>wie</u> die Transformation im Einzelnen erfolgen soll, wie also die Objekte im Zielmodell aussehen sollen. Hierzu dienen die Domänen und konkret die Domänenmuster.

Zunächst kümmern wir uns darum, welche Domänen es gibt. In den Relationen werden Elemente des Quellmodells `uml` auf Elemente des Zielmodells `rdbm` abgebildet. In allen Relationen werden also Domänen beschrieben, die sich auf Elemente jeweils von `uml` und `rdbm` beziehen. Die Komponenten des `rdbm`-Modells sind Zielobjekte, so dass diese mit **`enforce`**-Domänen beschrieben werden; die Komponenten des `uml`-Modells sind entsprechend Quellobjekte. Hierfür wählen wir die **`checkonly`**-Domänen. Die *Root*-Objekte der Domänen werden durch die Modellkomponenten definiert, die Gegenstand der Transformation sind.

Daraus ergibt sich ein erstes Gerüst:

```
transformation UmlToRdbm ( uml  : SimpleUML,
                           rdbm : SimpleRDBM )
{
   -- keys

   top relation PackageToSchema
   {
      -- variables
```

```
    checkonly domain uml   pckg : Package
    {
       /* domain pattern */
    };

    enforce   domain rdbm schm : Schema
    {
       /* domain pattern */
    };
    -- when  { /* body */ }
    -- where { /* body */ }
}

top relation ClassToTable
{
    -- variables

    checkonly domain uml  cls : Class
    {
       /* domain pattern */
    };

    enforce   domain rdbm tbl  : Table
    {
       /* domain pattern */
    };

    -- when  { /* body */ }
    -- where { /* body */ }
}

top relation AssocToTable
{
    -- variables

    checkonly domain uml  ass : Association
    {
       /* domain pattern */
    }

    enforce   domain rdbm tbl  : Table
    {
       /* domain pattern */
    }

    -- when  { /* body */ }
    -- where { /* body */ }
}
```

```
    relation AttributeToColumn
    {
       -- variables

       checkonly domain uml  attr : Attribute
       {
          /* domain pattern */
       }

       enforce  domain rdbm col  : Column
       {
          /* domain pattern */
       }

       -- when  { /* body */ }
       -- where { /* body */ }
    }

    -- queries
}
```

Dies ist die erste vollständige Ausprägung einer Transformation. Es wird bereits ein Schema erzeugt und eine Reihe von Tabellen, allerdings ohne irgendwelche Eigenschaften. Das ist zwar syntaktisch vollständig und korrekt, aber immer noch nicht besonders sinnvoll, da eigentlich nicht besonders viel geschieht.

3.5.4 Beschreibung der Domänenmuster

Die Domänen sind in ihren Signaturen beschrieben, die beteiligten Modelle und die betroffenen Modellelemente sind benannt. In den Domänenmustern muss nun konkret festgelegt werden, wie die einzelnen Elemente in der Quelle und im Ziel aussehen sollen. Beginnen wir mit `Packages`.

PackageToSchema

Für diese soll zum Beispiel gelten, dass es je `Package` auch ein `Schema` gleichen Namens in dem Zielmodell gibt. Wir werden also erst einmal den Namen des `Packages` ermitteln und ablegen. Dazu benötigen wir eine freie Hilfsvariable, hier `packageName`.

```
transformation UmlToRdbm ( uml  : SimpleUML,
                           rdbm : SimpleRDBM )
{
   top relation PackageToSchema
   {
      packageName : String;

      checkonly domain uml  pckg : Package
      {
         name = packageName
      };

      enforce   domain rdbm schm : Schema
      {
         name = packageName
      };
   }
}
```

In dem Domänenmuster von `pckg` ist `packageName` zunächst nicht belegt. `packageName` übernimmt damit den Wert von `name`, damit das Pattern erfüllt ist. Danach wird mit der Domäne `schm` erzwungen, dass ein `Schema` erzeugt wird, dem Namen des `Schemas` wird der Wert der Variablen `packageName` zugewiesen.

An dieser Stelle wollen wir noch einmal auf die Abarbeitung von Transformationen zu sprechen kommen. `PackageToSchema` ist eine *top-level*-Relation und bisher die einzige. Mit Aufruf der Transformation würde also implizit `PackageToSchema` ausgeführt. Auf Grund der *Check-before-Enforce*-Semantik werden nun die Domänen in der Reihenfolge

```
1. checkonly domain uml  pckg
2. enforce   domain rdbm schm
```

ausgeführt. Mit dieser Transformation würde schon ein `Schema` erzeugt mit einem sinnvollen Namen, nämlich dem des `Package`. Das ist noch nicht viel, also weiter.

ClassToTable

Klassen sollen dann zu Tabellen transformiert werden, wenn sie das Merkmal besitzen, `'persistent'` zu sein. Klassen befinden sich durch die Beziehung zu `Packages` im Metamodell in einem `namespace`. Der `namespace` ist genau das `Package`, in dem die Klasse liegt. Aus dem `Package` ist oben bereits ein `Schema` erzeugt worden, die aus den Klassen transformierten Tabellen sollen in diesem `Schema` liegen. In `ClassToTable` sollen zu den `Classes` eines `Package` in dem zuvor generierten Schema Tabellen gleichen Namens erzeugt werden.

```
top relation ClassToTable
{
   className : String;

   checkonly domain uml cls : Class
   {
      namespace = pckg : Package{},
      kind      = 'persistent',
      name      = className
   };

   enforce   domain rdbm tbl : Table
   {
      schema      = schm : Schema{},
      name        = className
   };
}
```

Die Konstruktionen „`namespace = pckg:Package{}`" und „`schema = schm:Schema{}`" sind *Object Template Expressions*. Es werden alle `namespaces` selektiert, für die gilt, die Klasse `cls` liegt in ihnen. `pckg` ist eine geordnete Liste dieser `namespaces`. Laut Metamodell kann es jedoch nur ein Element dieser Art geben. Das ist aber nicht grundsätzlich so.

Diese Relation würde zwar schon Klassen zu Tabellen transformieren, aber im Detail immer noch nicht ordnungsgemäß funktionieren, da für `pckg` und `schm` noch keine gültigen Werte vorliegen. Das heißt, es gibt je `Class` eine `Table` mit dem Namen der `Class`. Die Zuordnung zum `Schema` ist allerdings noch nicht erfolgt. Um dies zu erreichen, muss eine entsprechende Vorbedingung für `Packages` und Schemata her.

```
transformation  UmlToRdbm ( uml  : SimpleUML,
                            rdbm : SimpleRDBM )
{
   top relation PackageToSchema
   {
      packageName : String;

      checkonly domain uml  pckg : Package
      {
         name = packageName
      };

      enforce   domain rdbm schm : Schema
      {
         name = packageName
      };
   }
```

```
    top relation ClassToTable
    {
       className : String;

       checkonly domain uml cls : Class
       {
          namespace = pckg : Package{},
          kind      = 'persistent',
          name      = className
       };

       enforce   domain rdbm tbl : Table
       {
          schema    = schm : Schema{},
          name      = className
       };

       -- Hiermit wird sicher gestellt, dass zu einem
       -- pckg auch immer ein schm existiert
       when  { PackageToSchema ( pckg, schm ); }
    }
 }
```

Mit jeder Ausführung der Relation `ClassToTable` wird nun die Relation `PackageToSchema` aufgerufen, um für jede Tabelle den korrekten Schema-Bezug herzustellen. Dies ist soweit also schon eine Transformation, die ein halbwegs brauchbares Ergebnis liefert, nämlich ein `Schema` je `Package`, für alle Klassen in dem `Package` jeweils eine Tabelle in dem entsprechenden `Schema` (Abbildung 3.9).

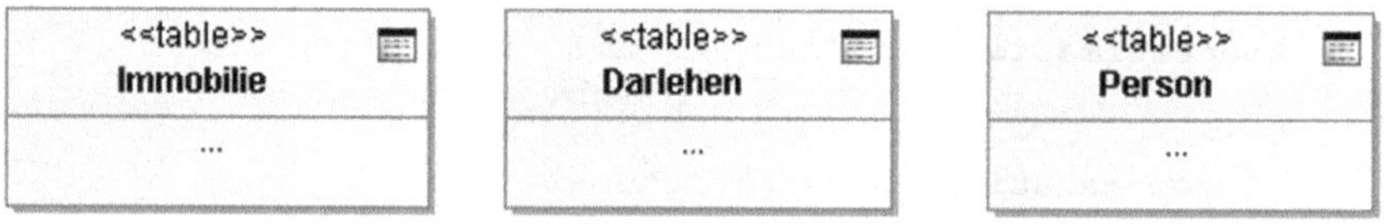

Abb. 3.9: Das Schema Darlehen im SimpleRDBM

PrimaryKeys mittels *Inline*-Objekterzeugung

Die `Attribute` der `Classes` haben wir bisher ignoriert und das wollen wir vorerst auch weiterhin tun. Aber jede `Table` soll ein zusätzliches synthetisches `Column` bekommen, das zur Identifizierung, also als `primaryKey` herangezogen wird. Diese beiden Generierungsschritte können mittels *Inline*-Objekterzeugung vorgenommen werden, das heißt, für das zusätzliche `Column` und den `primaryKey` werden nicht zusätzlich zwei Domänen beschrieben.

Dies soll mit Hilfe von entsprechenden *Object Template Expressions* direkt im Rahmen der **enforce domain** erfolgen.

```
top relation ClassToTable
{
   className : String;

   checkonly domain uml cls : Class
   {
      namespace = pckg : Package{},
      kind      = 'persistent',
      name      = className
   }

   enforce  domain rdbm tbl : Table
   {
      schema    = schm : Schema{},
      name      = className,

      -- inline Erzeugung der identifizierenden
      -- Spalte
      column    = cl : Column
      {
         name   = className + '_ID',
         type   = 'INTEGER'
      },

      -- inline Erzeugung des Primärschlüssels
      primaryKey = pk : PrimaryKey
      {
         name   = className + '_PK',
         column = cl
      }
   }

   when  { PackageToSchema ( pckg, schm ); }
}
```

Zur Erinnerung: *Inline*-Objekterzeugung wird immer dann angewandt, wenn die Zielobjekte nicht durch Transformation aus einem Quellobjekt abgeleitet werden können, wie das später zum Beispiel mit `AttributeToColumn` gemacht werden soll, sondern dem Zielmodell hinzugefügt werden. Mit dieser Transformation können wir aus obigem Beispiel-Modell `Darlehen` folgendes relationales Schema erzeugen (Abbildung 3.10):

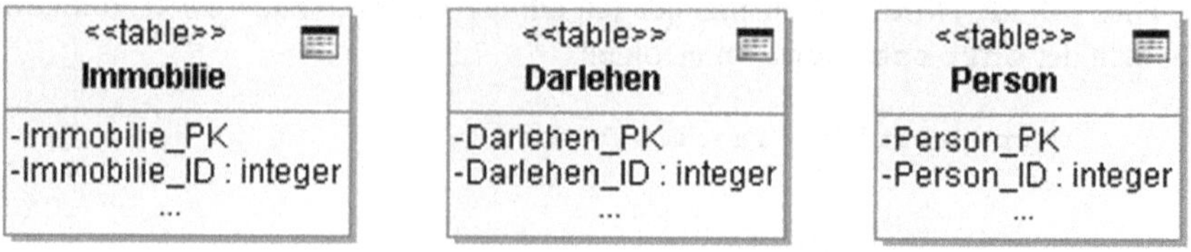

Abb. 3.10: Darlehen – nach Transformation der Klassen

Bisher sind alle Klassen, die wir in dem `Package` vorgefunden haben, behandelt worden und zu den Tabellen generiert, mit jeweils einem synthetischen Attribut, das zur Identifizierung benutzt werden soll, und einem Primärschlüssel. Als nächstes sollen die Beziehungen zwischen den Klassen betrachtet werden.

3.5.5 *Auflösung der Assoziationen – AssocToTable*

Assoziationen sind Beziehungen zwischen Klassen, die im Relationenmodell über Fremdschlüssel abgebildet werden sollen (siehe Abbildung 3.8: `Hausbesitzer`, `Darlehenssicherheit`, `Darlehensgeschaeft`). Der Einfachheit halber sind Assoziationen im `SimpleUML` immer binär, also Beziehungen zwischen stets zwei beteiligten Klassen, einer Quelle (`source`) und einem Ziel (`destination`).

Anlegen der Tabellen

Assoziationen sollen grundsätzlich so behandelt werden, dass für sie eine zusätzliche Tabelle angelegt wird, die als `Columns` die identifizierenden Merkmale der assoziierten Tabellen erhalten soll. Diese sind dann Fremdschlüssel und referenzieren die assoziierten Tabellen. Auf diese Weise kann man auch mehrwertige (m:n) und komplexere Beziehungstypen, mit mehr als zwei beteiligten Partnern, korrekt transformieren. Der Name der Assoziationstabelle wird aus dem Namen der Assoziation abgeleitet. Analog zu Klassen und Tabellen muss eine Assoziationstabelle in dem Schema liegen, das aus dem Package des UML-Modells entwickelt worden ist.

```
-- Erzeugung einer Assoziationstabelle in dem Schema
-- mit dem Namen der Assoziation
top relation AssocToTable
{
   -- Hilfsvariablen
   associationName : String;
```

```
    checkonly domain uml assoc : Association
    {
       namespace    = pckg : Package {},
       name         = associationName
    };

    enforce domain rdbm tab : Table
    {
       schema       = schm : Schema {},
       name         = associationName
    };

    when { PackageToSchema ( pckg, schm ); }
}
```

In einer Assoziation stehen Klassen zueinander in Beziehung und die assoziierten Klassen müssen `'persistent'` sein. Die Klassennamen werden an die jeweilige Hilfsvariable für die Quellklasse, `sourceClassName`, und die Zielklasse, `destClassName`, übergeben. Mit dem Aufruf von `ClassToTable` für die Quellklasse `srcCls` und die Zielklasse `dstCls` in der **when**-Klausel wird sichergestellt, dass es zu den assoziierten Klassen auch Tabellen `srcTbl` und `dstTbl` im Schema gibt.

```
top relation AssocToTable
{
    -- Hilfsvariablen
    associationName : String;
    sourceClassName : String;
    destClassName   : String;

    -- Hilfsobjekte
    srcTbl : Table;
    dstTbl : Table;

    checkonly domain uml assoc : Association
    {
       namespace    = pckg : Package {},
       name         = associationName,

       -- Ermitteln der an der Assoziation beteiligten
       -- Klassen
       source       = srcCls : Class
       {
          kind = 'persistent',
          name = sourceClassName
       },
```

```
        destination = dstCls : Class
        {
           kind = 'persistent',
           name = destClassName
        }
     };

     enforce domain rdbm tab : Table
     {
        schema       = schm : Schema {},
        name         = associationName
     };

     when
     {
        -- Sicherstellen, dass ein schm zu dem pckg
        -- existiert und dass für die assoziierten
        -- Klassen auch Tabellen im Schema vorliegen
        PackageToSchema ( pckg,   schm   );
        ClassToTable    ( srcCls, srcTbl );
        ClassToTable    ( dstCls, dstTbl );
     }
  }
```

Auflösen der Beziehungen

Damit haben wir genug Angaben zusammen, um die Assoziationstabelle aufbauen zu können, also für die Vervollständigung der „**enforce domain** rdbm tab“. Der Name der Assoziationstabelle associationName ist bekannt, die assoziierten Klassen scrCls und dstCls sind ebenfalls bekannt und die daraus resultierenden Tabellen srcTbl und dstTbl sind generiert und existieren damit. Auch die Assoziationstabelle tab existiert bereits. Zum Herstellen der Beziehung zwischen den Tabellen srcTbl und dstTbl müssen nun auf der Basis der Primärschlüssel der assoziierten Tabellen, die mit ClassToTable angelegt worden sind, Referenzen in der Assoziationstabelle eingetragen werden. Hierzu werden die identifizierenden Spalten der assoziierten Tabellen in die Assoziationstabelle eingefügt und beide Spalten werden als ForeignKeys aufgearbeitet.

Die Umsetzung der Referenzierung besteht somit aus zwei Schritten, die wir noch einmal langsam beschreiten wollen:

1. Erzeugung von Tabellenspalten auf der Basis der identifizierenden Spalten der beteiligten Tabellen,
2. Erzeugung jeweils einer ForeignKey-Referenz.

Die ForeignKeys werden analog zu den PrimaryKeys abermals durch verhältnismäßig komplexe *Inline*-Operationen generiert.

Zunächst benötigen wir jeweils eine zusätzliche Spalte als Repräsentant für den Fremdschlüssel mit Namen „sourceClassName + '_ID'" und „destClassName + '_ID'" und einem numerischen Typ.

```
enforce domain rdbm tab : Table
{
   schema = schm : Schema {},
   name   = associationName,

   -- Referenzierung der Source Tabelle durch
   -- Erzeugung einer zusätzlichen Spalte und
   -- Generierung des Fremdschlüssels
   -- Schritt 1
   column    = fkCl1 : Column
   {
      name = sourceClassName + '_ID',
      type = 'NUMBER'
   },

   -- Referenzierung der Destination Tabelle analog
   -- zur Referenz auf die Source Tabelle
   -- Schritt 1
   column       = fkCl2 : Column
   {
      name = destClassName + '_ID',
      type = 'NUMBER'
   }
};
```

Als nächstes müssen unter Verwendung der identifzierenden columns fkCl1 und fkCl2 die Fremdschlüssel fk1 und fk2 definiert werden. Fremdschlüssel bestehen laut Metamodell

- aus der Angabe der Spalte, mit der die referenzierte Tabelle benannt wird, zum Beispiel fkCl1 für srcTbl;
- ForeignKeys erhalten einen Namen, hier den Namen der Klasse mit dem Suffix '_FK';
- als owner wird die Tabelle angegeben, die den ForeignKey enthält, hier tab;
- mit der Übernahme des Primärschlüssels der referenzierten Tabelle, zum Beispiel srcPKey als Primärschlüssel der Tabelle srcTbl, wird die Assoziation letztendlich hergestellt.

```
-- Schritt 2
foreignKey  = fk1 : ForeignKey
{
   column    = fkCl1 : Column {},
   name      = sourceClassName + '_FK',
   owner     = tab,
   refersTo = srcPKey
}

foreignKey  = fk2 : ForeignKey
{
   column    = fkCl2 : Column {},
   name      = destClassName + '_FK',
   owner     = tab,
   refersTo = dstPKey
}
```

Der Fremdschlüssel referenziert eine assoziierte Tabelle, indem deren Primärschlüssel `scrPKey`, analog auch `dstPKey`, ermittelt wird. Das kann sowohl vorher in der **`when`**-Klausel geschehen

```
when
{
   PackageToSchema ( pckg,   schm   );
   ClassToTable    ( srcCls, srcTbl );
   ClassToTable    ( dstCls, dstTbl );
   srcPKey = srcTbl.primaryKey.first();
   dstPKey = dstTbl.primaryKey.first();
}
```

als auch jetzt mit Hilfe eines entsprechenden Ausdrucks in der **`where`**-Klausel.

```
where
{
   srcPKey = srcTbl.primaryKey.first();
   dstPKey = dstTbl.primaryKey.first();
}
```

Die zuvor angelegten Tabellen können mehrere Primärschlüssel besitzen, `primaryKey` ist eine OCL **`Collection`** im Metamodell. Der Einfachheit halber nehmen wir den ersten besten, mit Hilfe der OCL-Standardfunktion **`first`**`()`. Damit ist diese Relation fertig.

```
top relation AssocToTable
{
   -- Hilfsvariablen
   associationName : String;
   sourceClassName : String;
   destClassName   : String;
```

```
-- Hilfsobjekte
srcTbl,  dstTbl : Table;
srcPKey, dstPKey: PrimaryKey;

checkonly domain uml assoc : Association
{
   namespace    = pckg : Package {},
   name         = associationName,

   -- Ermittlung der an der Assoziation beteiligten
   -- Klassen und ihrer Eigenschaften

   source       = srcCls : Class
   {
      kind = 'persistent',
      name = sourceClassName
   },

   destination = dstCls : Class
   {
      kind = 'persistent',
      name = destClassName
   }
};

enforce domain rdbm tab : Table
{
   schema       = schm : Schema {},
   name         = associationName,

    -- Referenzierung der Source Tabelle durch
    -- Erzeugung einer zusätzlichen Spalte und
    -- Generierung des Fremdschlüssels
    -- Schritt 1
    column     = cl1 : Column
    {
       name = sourceClassName + '_ID',
       type = 'NUMBER'
    },

    -- Schritt 2
    foreignKey  = fk1 : ForeignKey
    {
       name      = sourceClassName + '_FK',
       column    = cl1 : Column {},
       owner     = tab,
       refersTo = srcPKey
    },

    -- Referenzierung der Destination Tabelle analog
    -- zur Referenz auf die Source Tabelle
    -- Schritt 1
```

```
            column       = cl2 : Column
            {
               name = destClassName + '_ID',
               type = 'NUMBER'
            },
            -- Schritt 2
            foreignKey   = fk2 : ForeignKey
            {
               name      = destClassName + '_FK',
               column    = cl2 : Column {},
               owner     = tab,
               refersTo  = dstPKey
            }
        };

        when
        {
          PackageToSchema  ( pckg,    schm   );
          ClassToTable     ( srcCls,  srcTbl );
          ClassToTable     ( dstCls,  dstTbl );
        }
        where
        {
          srcPKey = srcTbl.primaryKey.first();
          dstPKey = dstTbl.primaryKey.first();
        }
    }
```

Und die Mühen werden belohnt, indem schon ein recht respektables Ergebnis erzeugt wird (Abbildung 3.11).

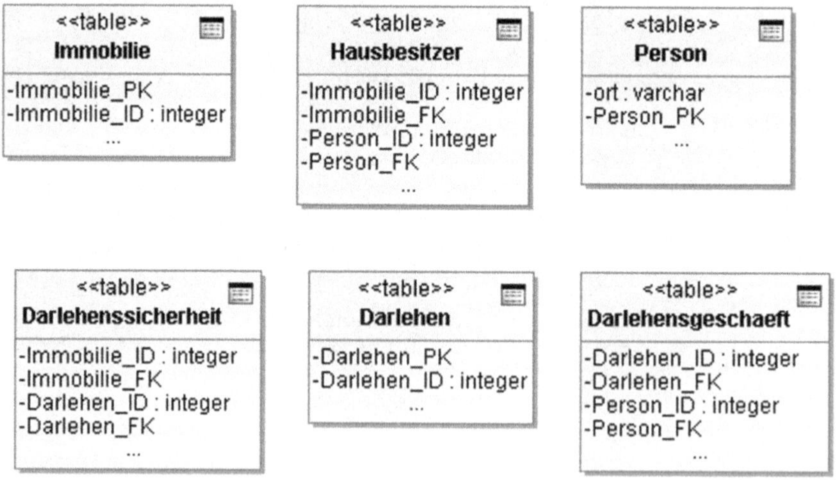

Abb. 3.11: `Darlehen` – nach Auflösen der Assoziationen

3.5.6 Behandlung von Attributen – AttributeToColumn

Aber die Arbeit ist noch nicht getan. Bisher haben wir uns um die Modellelemente bemüht, die direkt sichtbar in den Diagrammen liegen, also um `Packages`, `Classes` und `Associations` auf der einen Seite, und mit `Schemas`, `Tables` und Assoziationstabellen auf der anderen Seite. Relationen, die diese Modellelemente behandeln, werden in der Regel als *top-level*-Relationen implementiert. Vernachlässigt haben wir die „inneren" Eigenschaften der Modellelemente beziehungsweise die untergeordneten Modellelemente, zum Beispiel die Attribute der Klassen. Damit wollen wir uns nun beschäftigen, also mit den Komponenten, die innerhalb von anderen Modellelementen liegen. Modellelemente dieser Art werden beschrieben durch Relationen, die *non-top-level* sind.

Attribute mit einfachen Datentypen

Mit der folgenden Relation `AttributeToColumn` werden aus den Attributen von Klassen `Columns` der Tabellen generiert, die zuvor auf der Basis der Klassen angelegt worden sind. Attribute sind im Metamodell `SimpleUML` eine Liste von Modellelementen an Klassen; Attribute haben einen Namen und sie können unterschiedliche Datentypen besitzen. Wir gehen bis auf weiteres davon aus, dass sie einen primitiven OCL-Datentyp (`'Integer'`, `'Double'`, `'Boolean'`, `'String'`) besitzen.

```
relation AttributeToColumn
{
   attributeName : String;
   dataTypeName  : String;
   rdbmType      : String;

   checkonly domain uml cls : Class
   {
      attribute = attr : Attribute
      {
         name = attributeName,

         -- Ermittlung des Datentypes, da dies in der
         -- check Phase gemacht wird, werden hier nur
         -- Attribute mit primitiven Datentypen
         -- behandelt
         type = pdt : PrimitiveDataType
         {
            name = dataTypeName
         }
      }
   };
```

```
    enforce domain rdbm tbl : Table
    {
        column = col : Column
        {
            name = attributeName,

            -- der Wert von rdbmType wird in der where-
            -- Klausel festgestellt
            type = rdbmType
        }
    };

    where
    {
        rdbmType = if (dataTypeName = 'Integer')
                   then 'Integer'
                   else if (dataTypeName = 'Double' )
                   then 'Double Precision'
                   else if (dataTypeName = 'Boolean')
                   then 'Boolean'
                   else if (dataTypeName = 'String')
                   then 'Varchar'
                   endif endif endif endif;
    }
}
```

Zunächst wird mittels der **checkonly**-Domäne die Liste der Attribute erstellt und deren Namen und Datentypen werden festgehalten. Mit der **enforce**-Domäne wird nun die Liste der `Attribute` in eine Liste von `Columns` transformiert. Jede `Column` erhält den Namen des entsprechenden Attributes, der `SimpleRDBM`-Datentyp des `Columns` wird ermittelt auf der Basis des `SimpleUML`-Datentypes.

Non-top-level-Relationen müssen innerhalb von **where**-Klauseln aktiviert werden. In `ClassToTable` wird nach der Generierung einer Tabelle `tbl` mittels der **where**-Klausel jeweils unmittelbar die Transformation der Attribute der Ausgangsklasse `cls` angestoßen.

```
top relation ClassToTable
{
    className : String;
    checkonly domain uml  cls : Class
    {
        /* cls domain pattern */
    };
    enforce   domain rdbm tbl : Table
    {
         /* tbl domain pattern */
    };
    where { AttributeToColumn ( cls, tbl ); }
}
```

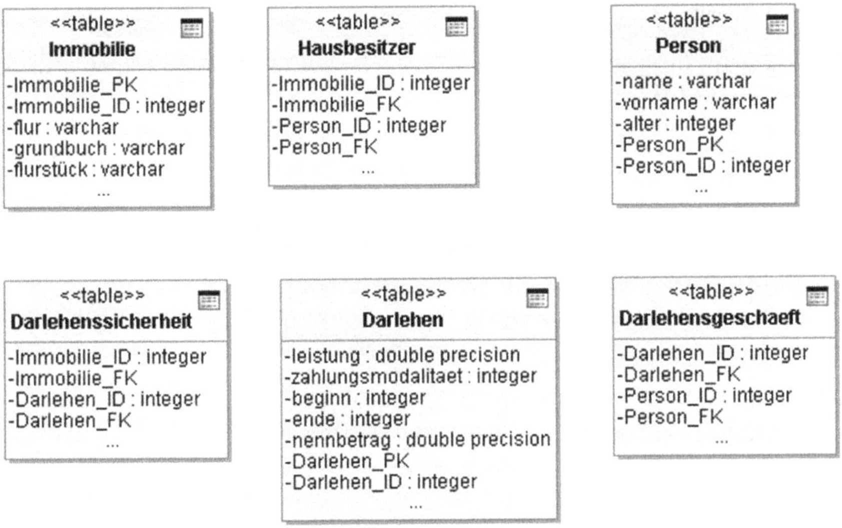

Abb. 3.12: Darlehen – mit Columns aus einfachen Attributen

Alle Attribute der Klassen mit simplen Datentypen sind zu `Columns` der Tabellen transformiert (Abbildung 3.12). Die simplen UML-Datentypen sind zu RDBM-Datentypen umgewandelt.

Attribute mit komplexen Datentypen

Im vorherigen Schritt haben wir angenommen, dass alle Attribute von Klassen einen simplen Datentyp besitzen. Das ist jedoch nicht unbedingt der Fall. Das Metamodell `SimpleUML` erlaubt ebenso Klassen als Datentypen. Komplexe Attribute sind Attribute, deren Datentypen Klassen sind. In der folgenden Abbildung (Abbildung 3.13) sehen wir zum Beispiel, dass die Klassen `Person` und `Immobilie` jeweils ein Attribut besitzen, deren Datentyp die Klasse `Ort` ist, einmal die `lage` der Immobilie, zum anderen der `wohnort` der Person.

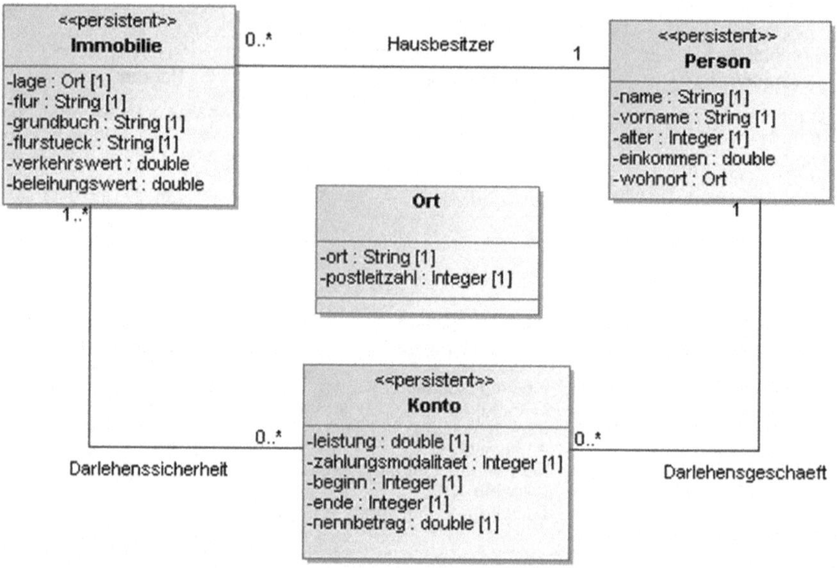

Abb. 3.13: Package Darlehen mit komplexen Attributen

Die Auflösung soll so erfolgen, dass die komplexen Attribute `lage` in `Immobilie` und `wohnort` in `Person` durch die einzelnen Attribute der Klasse `Ort` ersetzt werden. Die Attribute mit komplexen Datentypen werden nicht zu `Columns` der Tabelle transformiert; dafür werden die Attribute der `type`-Klasse ermittelt und zu Columns der Tabelle aufbereitet. Die Tabelle `Person` zum Beispiel erhält kein Column `wohnort`, aber jeweils ein weiteres Column `ort` und `postleitzahl`, die aus der Klasse `Ort` abgeleitet werden. Das liest sich etwas kompliziert, die Transformation mittels der **`relation`** `ComplexAttributeToColumn` ist aber verhältnismäßig einfach.

```
relation AttributeToColumn
{
   checkonly domain uml  cls : Class
   {
      /* cls domain pattern */
   };

   enforce   domain rdbm tbl  : Table
   {
      /* tbl domain pattern */
   };
```

```
    where
    {
       PrimitiveAttributeToColumn ( cls, tbl );
       ComplexAttributeToColumn   ( cls, tbl );
    }
}

relation ComplexAttributeToColumn
{
    attributeName    : String;

    checkonly domain uml cls : Class
    {
        -- hier handelt es sich um ein Attribut mit
        -- einer Klasse als Datentyp
        attribute = attr : Attribute
        {
           name = attributeName,
           type = attrType : Class {}
        }
    };

    enforce domain rdbm tbl : Table {};

    where
    {
       -- Mit der Datentypklasse des Attributes wird
       -- hier rekursiv abgestiegen; die Tabelle tbl
       -- bleibt die, die sie ist
       AttributeToColumn ( attrType, tbl );
    }
}
```

Die Attribute, die eine Klasse als Datentyp besitzen, werden ermittelt und in `attr` erfasst. Die Klasse, die als Datentyp referenziert ist, wird in `attrtype` festgehalten. `tbl` repräsentiert die Tabelle, die zuvor angelegt worden ist. `tbl` wurde als Argument übergeben und in dieser Relation nicht weiter verändert. Die Domäne „`rdbm tbl:Table {}`“ ist eigentlich nur erforderlich, damit eine Tabelle als Argument übergeben werden kann. Mit der als Datentyp ermittelten Klasse `attrType` und der bereits bekannten Tabelle `tbl` wird rekursiv abgestiegen.

```
AttributeToColumn ( attrType, tbl );
```

Der rekursive Abstieg wird solange fortgesetzt, bis die Datentypen der Attribute primitiv sind. Hiermit haben wir nun ein fast vollständiges relationales DB-Schema im `SimpleRDBM` erstellt (Abbildung 3.14).

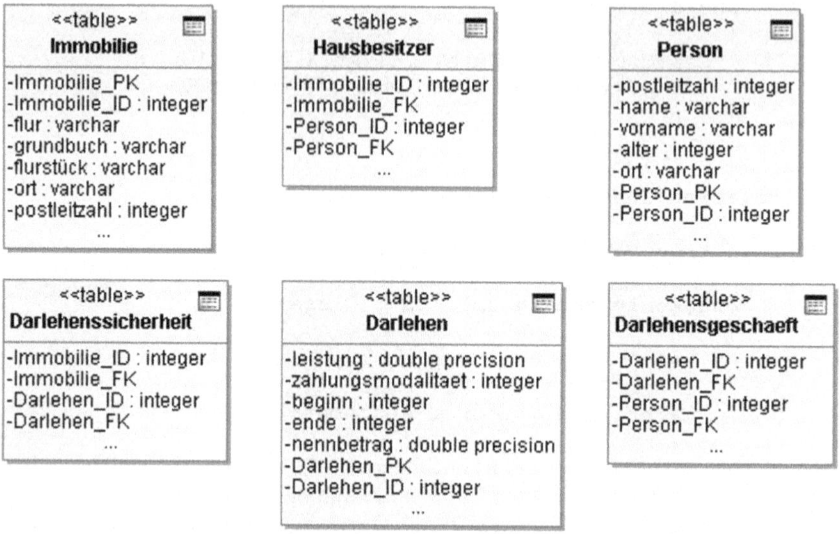

Abb. 3.14: Schema Darlehen mit komplexen Columns

Attribute aus Vererbungshierarchien

Mit der Kenntnis über Rekursionen können wir uns nun der weiteren Behandlung von Attributen in Vererbungshierarchien zuwenden. Dazu müssen wir zunächst das `SimpleUML`-Modell `Darlehen` etwas ausdehnen und darin eine Generalisierungsbeziehung definieren. Bisher haben wir nur zugelassen, dass ausschließlich natürliche Personen Kunden in Wohnungsbaufinanzierungen sind.

Das Modell soll nun so weit ausgedehnt werden, dass auch juristische Personen als Kunden `Darlehensgeschaefte` abschließen können. Daraus resultiert eine Generalisierungsbeziehung zwischen den Personenarten und der generellen Klasse `Person` (Abbildung 3.15). `Person` ist eine generelle Klasse, in der allgemeine Attribute von natürlichen Personen und juristischen Personen zusammengefasst sind.

Die konkreten Attribute von natürlichen Personen und juristischen Personen, die nur diese haben, befinden sich in den speziellen Klassen `NatuerlichePerson` und `JuristischePerson`. Führen wir uns noch einmal das Metamodell `SimpleUML` vor Augen: Generalisierungsbeziehungen sind spezielle gerichtete Beziehungen zwischen jeweils einer `specific` und einer `general Class`; es handelt sich nicht um `Associations`, sie werden also auch nicht durch Assoziationsklassen aufgelöst.

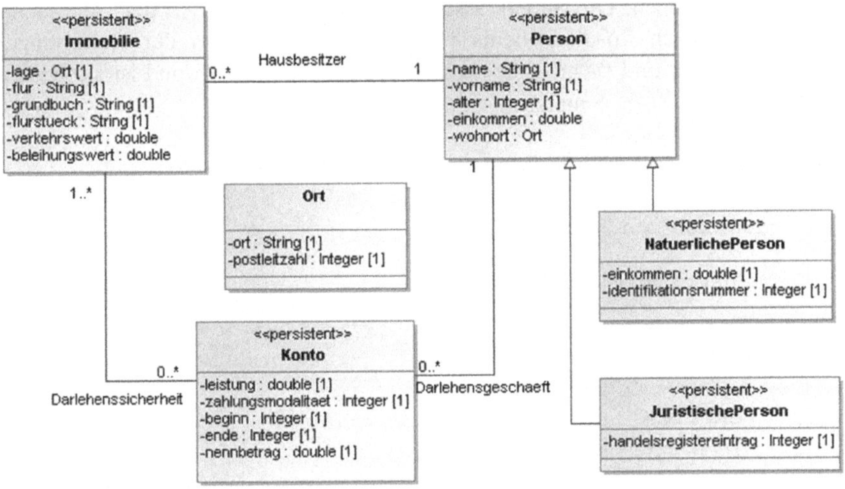

Abb. 3.15: Das erweiterte `SimpleUML`-Modell `Darlehen`

Die Behandlung von Generalisierungsbeziehungen erfolgt durch die Relation `SuperAttributeToColumn`.

```
relation SuperAttributeToColumn
{
   checkonly domain uml   cls : Class
   {
      -- existiert eine Referenz auf eine general Class?
      general = supcls : Class {}
   };

   enforce  domain rdbm tbl : Table {};

   where
   {
      AttributeToColumn ( supcls, tbl );
   }
}
```

Die Attribute der `general`-Superklasse werden in alle Tabellen der `specific`-Subklassen übernommen. Zunächst wird in der **`checkonly domain`** `uml` geprüft, ob es eine Superklasse gibt, ob also das aus der Generalisierungsbeziehung resultierende Attribut `general` eine Ausprägung und damit eine Referenz auf eine andere Klasse besitzt. Diese wird an die Variable `supcls` übergeben.

Sofern eine generelle Superklasse existiert, wird mit dieser für die derzeitig in Arbeit befindliche Tabelle `tbl` rekursiv die **`relation`** `AttributToColumn` aufgerufen, um die Attribute der `supcls` einzusammeln und der Tabelle `tbl` als

Columns zuzuordnen. Die Superklasse Person wird auch nach der Übernahme der Attribute noch im Zielschema benötigt zum Herstellen der Beziehungen Hausbesitzer und Darlehensgeschaeft. Aus dem Grund ist sie weiterhin als 'persistent' markiert.

SuperAttributeToColumn wird im Rahmen von AttributeToColumn für jedes Attribut aufgerufen.

```
relation AttributeToColumn
{
   checkonly domain uml  cls : Class
   {
      /* cls domain pattern */
   };

   enforce   domain rdbm tbl  : Table
   {
      /* tbl domain pattern */
   };

   where
   {
      PrimitiveAttributeToColumn ( cls, tbl );
      ComplexAttributeToColumn   ( cls, tbl );
      SuperAttributeToColumn     ( cls, tbl );
   }
}
```

Mit diesem letzten Schritt der Behandlung von Generalisierungsbeziehungen zwischen Klassen sind nun alle Aspekte des SimpleUML behandelt. Das Datenmodell im SimpleRDBM ist damit vollständig erstellt und das Ergebnis kann sich sehen lassen (Abbildung 3.16).

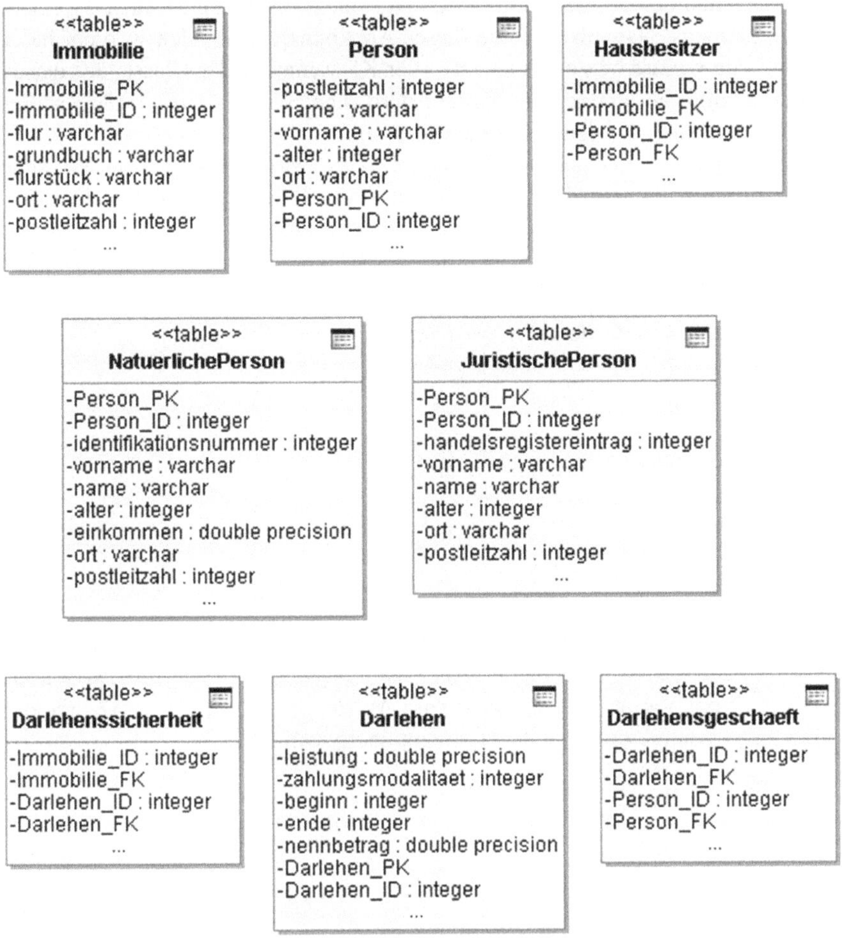

Abb. 3.16: `SimpleRDBM`-Schema nach Generalisierungen

3.5.7 Relation Calls und primitive Domänen

Dadurch, dass bei der Auflösung von Attributen in einer Tabelle Spalten aus mehreren Klassen generiert werden, kann es zu Namensgleichheiten kommen, nämlich dann, wenn in verschiedenen Klassen Attribute mit gleichem Namen vorkommen und wenn diese Klassen zur Generierung von Spalten einer Tabelle herangezogen werden. In unserem Beispiel wäre das der Fall, wenn die Klasse `Person` (oder `Immobilie`) jeweils über ein Attribut `ort` oder `postleitzahl` verfügte. Es würde eine Tabelle `Person` erzeugt mit den eigenen Spalten `ort` und `post-`

`leitzahl` und den aus dem komplexen Attribut `lage` resultierenden `Columns` gleichen Namens. Namenskonflikte dieser Art können vermieden werden, indem mit Hilfe von **`primitive domains`** der Klassenname der Klasse, aus der das Attribut stammt, als Präfix vorangestellt wird. Die **`primitive domain`** dient dabei als Platzhalter für den Namen der Klasse.

Noch einmal zur Erinnerung: Bei *relation calls* wird eine Liste von Argumenten erwartet, die als aktuelle Parameter den in der Relation definierten Domänen entsprechen.

```
relation AttributeToColumn
{
   checkonly domain uml  cls : Class
   {
      /* cls domain pattern */
   };

   enforce   domain rdbm tbl  : Table
   {
      /* tbl domain pattern */
   };
}
```

`AttributeToColumn` definiert die Domänen uml „`cls:Class`" und „`rdbm tbl:Table`" mit einem Objekt vom Typ `Class` und vom Typ `Table` jeweils als Root-Variable. Also muss beim Aufruf `AttributeToColumn` auch je ein Objekt von diesem Typ als Argument übergeben werden.

```
top relation ClassToTable
{
   className : String;

   checkonly domain uml  cls : Class
   {
      /* cls domain pattern */
   };

   enforce   domain rdbm tbl  : Table
   {
      /* tbl domain pattern */
   };

   where { AttributeToColumn ( cls, tbl); }
}
```

`primitive domains` sind Domänen, die einen Datentyp besitzen, aber keine Spezifikation eines Domänenmusters. Primitive Domänen dienen dem Zweck, dass Werte von QVT-Datentypen beim Aufruf von Relationen lediglich weitergereicht werden, ohne dass in irgendeiner Weise eine Prüfung von vorgegebenen Bedingungen stattfindet. Zur Veranschaulichung wollen wir in dem folgenden Code-Beispiel davon ausgehen, dass alle Attribute eines `SimpleUML`-Modells einen primitiven Datentyp besitzen. Die Datentypen werden also ignoriert und wir betrachten nur die Namen der Attribute. Jedem `Column`-Namen in einer generierten Tabelle soll `der` Name der Klasse vorangestellt werden, aus der die Tabelle generiert worden ist. Der Klassenname wird der aufgerufenen Relation `PrimitiveAttributeToColumn` übergeben.

```
transformation uml2rdbm ( uml  : SimpleUML,
                          rdbm : SimpleRDBM )
{
   top relation PackageToSchema   { /* body */ }

   top relation ClassToTable
   {
      className : String;

      checkonly domain uml  cls : Class
      {
         name = className
      }

      enforce  domain rdbm tbl : Table
      {
         name = className
      }

      where
      {
         PrimitiveAttributeToColumn ( cls, tbl,
                                      className );
      }
   }

   relation PrimitiveAttributeToColumn
   {
      columnName       : String;
      attributeName    : String;

      checkonly domain uml cls : Class
      {
         attribute = attr : Attribute
         {
            name = attributeName
         }
      };
```

```
            enforce domain rdbm tbl : Table
            {
               column    = col    : Column
               {
                  name = columnName
               }
            };

            primitive domain prefix    : String;

            where
            {
               -- modify columnName based on prefix and
               -- attributeName
               columnName = if   prefix = ''
                            then attributeName
                            else prefix + '_' + attributeName
                            endif;
            }
         }
      }
```

`PrimitiveAttributeToColumn` besitzt drei Domänen, somit werden beim Aufruf in `ClassToTable` drei Argumente erwartet. Jeweils ein Argument vom Typ `Class`, eins vom Typ `Table` und, da es sich bei der dritten Domäne um eine **`primitive domain`** vom Typ `String` handelt, muss als drittes Argument eine `String`-Variable übergeben werden. Die **`primitive domain`** dient somit dem Zweck, Werte von Datentypen über Relationsgrenzen hinweg weiterzureichen. **`primitive domains`** haben wie bereits gesagt kein Domänenmuster, in dem der Wert der Variablen in irgendeiner Weise verändert wird. Die Variablen müssen allerdings eine gültige Ausprägung besitzen. Dies erfolgt zum Beispiel in dem **`where`**-Block der Relation.

Das Konzept der primitiven Domänen ist zwar recht schlicht, bietet aber doch viele Möglichkeiten der Gestaltung von Relationen und auch zur Kontrolle des Ablaufes von Relationen, indem mit primitiven Domänen auch Informationen zur Steuerung übergeben werden können.

3.6 Weiterführende Konzepte

In dem obigen Beispiel haben wir uns mit den grundlegenden Konzepten der *Relations Language* zur Transformation von Modellen beschäftigt. Das hat auch schon so weit gereicht, dass damit Transformationsaufgaben umfassend gelöst werden können. In diesem Kapitel möchte ich einige weitergehende Ansätze der *Relations Language* vorstellen und einige fortgeschrittene Techniken zeigen, soweit sie in der QVT-Spezifikation zu finden sind. Bei der Gelegenheit möchte ich mir den Hinweis erlauben, dass die Spezifikation derartige Konzepte zwar erwähnt und skizziert, oft aber nur unzureichend ausführt. Das mag auch der Grund sein, weshalb das hier vorgestellte Werkzeug mediniQVT in der derzeitig eingesetzten Version nicht alle der im Folgenden aufgeführten Optionen unterstützt.

3.6.1 Behandlung komplexer Codes

Die Behandlung von komplexen Modellen kann zu recht umfangreichen und komplizierten *Relations Language*-Scripten führen. Gelegentlich neigt man dazu, zu viele Modellaspekte in einem Codeabschnitt, in einer Relation oder Domäne, zu behandeln. Domänen, die zum Beispiel über eine gewisse, im Editor auf einen Blick übersehbare Länge hinausgehen, sind kaum überschaubar und insgesamt fehleranfälliger. So kann es dazu kommen, dass nicht immer die Erstellung eines gewünschten Zielmodells möglich ist. Zuweilen erhält man auch gar kein Ergebnis, ein Zielmodell kann nicht generiert werden.

In dem Fall ist es sinnvoll, die Scripte weiter zu strukturieren und sie so übersichtlicher und handlicher zu gestalten. Zum Beispiel kann man eine umfangreiche Domäne, in der mit *Inline*-Objekterzeugungen viele Generierungsschritte vorgenommen werden, dadurch besser strukturieren, dass die einzelnen Generierungsschritte durch geeignete Relationen implementiert werden. Schauen wir uns dazu noch einmal die recht komplexe **enforce**-Domäne des Beispiels aus Kapitel 3.5.5 an.

```
top relation AssocToTable
{
   -- Hilfsvariablen
   associationName : String;
   sourceClassName : String;
   destClassName   : String;

   -- Hilfsobjekte
   srcTbl,  dstTbl : Table;
   srcPKey, dstPKey: PrimaryKey;

   checkonly domain uml assoc : Association {/*...*/};

   enforce domain rdbm tab : Table
   {
      schema       = schm : Schema {},
      name         = associationName,

      -- Referenzierung der Source-Klasse
      column     = cl1 : Column
      {
         name = sourceClassName + '_ID',
         type = 'NUMBER'
      },
```

```
            foreignKey  = fk1 : ForeignKey
            {
               name     = sourceClassName + '_FK',
               column   = cl1 : Column {},
               owner    = tab,
               refersTo = srcPKey
            },

            -- Referenzierung der Destination-Klasse
            column       = cl2 : Column
            {
               name = destClassName + '_ID',
               type = 'NUMBER'
            },

            foreignKey  = fk2 : ForeignKey
            {
               name     = destClassName + '_FK',
               column   = cl2 : Column {},
               owner    = tab,
               refersTo = dstPKey
            }
        };

        when
        {
          PackageToSchema ( pckg,   schm   );
          ClassToTable    ( srcCls, srcTbl );
          ClassToTable    ( dstCls, dstTbl );
        }

        where
        {
          srcPKey = srcTbl.primaryKey.first();
          dstPKey = dstTbl.primaryKey.first();
        }
    }
```

Hier wird mehrfach mit im Wesentlichen gleichen Code-Abschnitten die Referenzierung der beteiligten Klassen in der Assoziationstabelle beschrieben. Dies kann man vereinfachen, indem diese Aufgabe speziell von einer Relation `KeyOfAssociation` übernommen wird, die dann jeweils für die `Source`-Klasse und die `Destination`-Klasse aufgerufen wird.

```
top relation AssocToTable
{
   associationName  : String;
   sourceClassName  : String;
   destClassName    : String;
   srcTbl,  dstTbl  : Table;
```

```
   checkonly domain uml assoc : Association {/*...*/};

   enforce domain rdbm tab : Table
   {
      schema      = sma : Schema {},
      name        = associationName
   };

   when
   {
     PackageToSchema ( pckg,   sma    );
     ClassToTable    ( srcCls, srcTbl );
     ClassToTable    ( dstCls, dstTbl );
   }

   where
   {
      -- Referenzierung der Source-Tabelle
      KeyOfAssociation(srcCls,srcTbl,tab);

      -- Referenzierung der Destination-Tabelle
      KeyOfAssociation(dstCls,dstTbl,tab);
   }
}

/*
 * KeyOfAssociation dient dazu, auf der Basis der
 * an einer Assoziation beteiligten Klassen die
 * entsprechenden Fremdschlüssel-Elemente der
 * Assoziationstabelle zu generieren. Mit Hilfe der
 * primitiven Domänen wird die jeweils beteiligte
 * Klasse und die zuvor generierte Tabelle übergeben.
 */
relation KeyOfAssociation
{
   srcPKey : PrimaryKey;

   primitive domain class : Class;
   primitive domain table : Table;

   enforce domain rdbm tab : Table
   {
      column      = col   : Column
      {
         name = class.name,
         type = 'Integer'
      },
```

```
        foreignKey  = fKey : ForeignKey
        {
           name      = class.name + '_FK',
           column    = col : Column {},
           owner     = tab,
           refersTo  = srcPKey
        }
     };

     where
     {
         srcPKey = table.primaryKey.first();
     }
  }
```

Auch **Queries** können helfen, komplexe Anweisungsfolgen im Script zu isolieren und zu strukturieren, wie wir im Kapitel 3.4.7 schon gesehen haben. *Helper*-Funktionen können aus Transformationen herausgelöst und in zentralen Bibliotheken zur Mehrfachverwendung bereitgestellt werden. Solche selbst definierten Bibliotheken werden mit der **import**-Anweisung in andere Transformationsscripte eingebunden.

```
Datei Uml2RdbmHelper.qvt:

transformation uml2rdbm-helper ( uml  : SimpleUML,
                                 rdbm : SimpleRDBM )
{
   query ColumnNameWithPrefix ( pref     : String,
                                attrName: String )
                              : String
   {
      if   pref = ''
      then attrName
      else pref + '_' + attrName
      endif
   }

   query PrimitiveTypeToSqlType (typename:String)
                                : String
   {
      if (typename = 'Integer')
      then 'Integer'
      else if (typename = 'Double' )
           then 'Double Precision'
           else if (typename = 'Boolean')
                then 'Boolean'
                else if (typename = 'String')
                     then 'Varchar'
                     endif
                endif
```

```
            endif
        endif
    }
}
```

Datei Uml2Rdbm.qvt:

```
import Uml2RdbmHelper.qvt;

transformation uml2rdbm ( uml  : SimpleUML,
                          rdbm : SimpleRDBM )
{
   top relation PackageToSchema { /* body */ }
   top relation ClassToTable    { /* body */ }
   top relation AssocToTable    { /* body */ }
   relation AttributeToColumn   { /* body */ }

   relation PrimitiveAttributeToColumn
   {
      checkonly domain uml c : Class
      {
         -- get attributeName and primDataTypeName
      };

      enforce domain rdbm t : Table
      {
         -- create column with attributeName and sqlType
      };

      primitive domain prefix   : String;

      where
      {
         columnName = ColumnNameWithPrefix
                       ( prefix, attributeName );
         sqlType    = PrimitiveTypeToSqlType
                       ( dataTypeName );
      }
   }
}
```

3.6.2 Redefinition und Mehrfachverwendung

Auch Relationen sind in dieser Weise extrahierbar und mehrfachverwendbar. Relationen können dabei andere Relationen überschreiben und redefinieren. In dem folgenden Codefragment redefiniert die Relation `rname1` die an anderer Stelle definierte `rname2`.

```
[top] relation rname1 overrides rname2 { /* ... */ }
```

Im Rahmen der Redefinition ist es möglich, die Domänen und Regeln einer bereits definierten Relation zu übernehmen und weitere Domänen und Klauseln hinzuzufügen. Die importierten Transformationen müssen dazu erweitert werden. Hierzu dient die **extends**-Anweisung.

```
import tname2.qvt;
transformation tname1 ( <modeldecl> ) extends tname2
{ /* ... */ }
```

Das **extends/overrides**-Konzept wird von den derzeitig verfügbaren Werkzeugen unzureichend respektive gar nicht unterstützt. Aus dem Grund ist das folgende Beispiel, welches die Anwendung der Konzepte veranschaulicht, nicht getestet.

```
transformation class2tableCommon ( uml  : SimpleUML,
                                   rdbm : SimpleRDBM )
{
   top relation ClassToTableCommon
   {
      className : String;
      checkonly domain uml  cls : Class
      {
         name = className
      };
      enforce   domain rdbm tbl : Table
      {
         name = className
      };
    }
}

transformation uml2rdbm ( uml  : SimpleUML,
                          rdbm : SimpleRDBM )
   extends class2tableCommon
{
   top relation PackageToSchema
   {
      packageName : String;
      checkonly domain uml  pck : Package
      {
         name = packageName
      };
      enforce   domain rdbm sma : Schema
      {
         name = packageName
      };
   }
```

```
    top relation ClassToTable
        overrides ClassToTableCommon
    {
        checkonly domain uml  cls : Class
        {
            namespace = pck : Package {},
            kind = 'persistent'
        };

        enforce   domain rdbm tbl : Table
        {
          schema = sma : Schema {},

          -- inline Erzeugung des identifizierenden
          -- Columns
          column     = cl : Column
          {
             name = className + '_ID',
             type = 'Integer'
          },

          -- inline Erzeugung des Primärschlüssels
          primaryKey = k : PrimaryKey
          {
             name   = className + '_PK',
             column = cl : Column {}
          }
       };

       when  { PackageToSchema   (pck, sma); }
       where { }
    }
}
```

uml2rdbm erweitert die Transformation uml2rdbm-Common in der Weise, dass die Relation ClassToTableCommon durch ClassToTable überschrieben und ergänzt wird. Die Variable name und die vordefinierten Domänen von ClassToTableCommon werden übernommen und in ClassToTable durch zusätzliche Regeln und *Inline*-Objekterzeugungen erweitert.

3.6.3 Implementierung von Domänen durch BlackBoxes

Ein Beispiel für das *BlackBox*-Konzept von *Relations Language* wurde oben im Kontext Funktionen bereits erläutert. Auch Domänen können durch spezielle Operationen realisiert werden, die in externen Programmiersprachen implementiert worden sind.

```
enforce domain <modelid> <templateSpec>
        implementedBy <operationCallExpression>;
```

Eine Relation kann optional mit einer *BlackBox*-Operation assoziiert sein, um eine Domäne zu implementieren. Bei der Domäne muss es sich um eine **enforce**-Domäne handeln. Die Operation wird aktiviert, wenn die Relation ausgeführt wird. Sie vollzieht die entsprechenden Änderungen an dem Modell, um damit die Spezifikation der Relation zu erfüllen. Die Abarbeitung erfolgt nach dem Prinzip des „späten Bindens", so dass hiermit polymorphe Implementierungsmöglichkeiten von Relationen bestehen.

Die Signatur der *BlackBox*-Operation wird abgeleitet aus der Domänenspezifikation der Relation:

- *output*-Parameter resultiert aus der **enforce** Domäne,
- *input*-Parameter korrespondieren mit den anderen Domänen (**checkonly**, **primitive**) der Relation. Für diese Domänen sollte gelten, sie sind entweder **primitive** oder, im Fall **checkonly**, sie sollten einfache Objektmuster besitzen, d.h. die *Root*-Variablen sollten nicht strukturierte Modellelemente sein.

```
transformation class2tableCommon ( uml  : SimpleUML,
                                   rdbm : SimpleRDBM )
{
   top relation PackageToSchema
   {
      packageName : String;

      checkonly domain uml  pck : Package
      {
         name = packageName
      };

      enforce  domain rdbm sma : Schema
      {
         name = packageName
      };
   }

   top relation ClassToTable
   {
      className : String;

      checkonly domain uml cls : Class
      {
         name      = className
      };

      primitive domain prefix : String;
```

```
        enforce   domain rdbm tbl : Table  {}
           implementedBy computeTable (cls, prefix);
      }

      where { prefix = 'Table_'; }
   }
```

BlackBox-Prozedur:

```
   Table computeTable (cls : Class, prefix : String)
   {
      // Erzeugen einer Tabelle mit
      // name = prefix + cls.name
   };
```

Auch diese *BlackBox*-Option ist bedauerlicherweise ungetestet, da sie von dem eingesetzten Werkzeug nicht unterstützt wird.

3.6.4 Bidirektionale Transformation

Relations Language-Transformationen sind bidirektional; mit der *Relations Language* werden Relationen zwischen Modellen definiert, die in beiden Richtungen gelten müssen. Änderungen, die nach einer Transformation an dem Zielmodell vorgenommen werden, werden bei einer erneuten Transformation unmittelbar in dem Ausgangsmodell nachvollzogen.

```
   transformation Package2Schema ( uml  : SimpleUML,
                                   rdbm : SimpleRDBM )
   {
      top relation Package
      {
         pName : String;

         enforce domain uml pckg : Package
         {
            name = pName
         };

         enforce domain rdbm schm : Schema
         {
            name = pName
         };
      }
   }
```

Alle Domänen einer bidirektionalen Transformation sind **enforce**-Domänen. Es kann vorkommen, dass bei einer bidirektionalen Transformation nicht für alle

Variablen einer Relation aus dem Ausgangsmodell Werte geliefert oder abgeleitet werden können. In dem Fall kann eine erzeugende Domäne mit *Default*-Werten (**default_values**) vorbelegt werden.

```
transformation Package2Schema ( uml  : SimpleUML,
                                rdbm : SimpleRDBM )
{
   top relation Package
   {
      pName : String;

      enforce domain uml pckg : Package
      {
         name = pName
      }
      default_values { pName = 'DefaultPackage'};

      enforce domain rdbm schm : Schema
      {
         name = pName
      };
   }
}
```

Auch das QVT-Konstrukt der bidirektionalen Transformation, insbesondere unter Verwendung von **default_values**, konnte mit dem eingesetzten Werkzeug nicht erschöpfend getestet werden.

Bei bidirektionalen Transformationen handelt es sich im Allgemeinen um injektive Abbildungen zwischen Modellen. Die Injektivität der bidirektionalen Abbildung resultiert daher, dass bei einer Weiterentwicklung der erzeugten Modelle weitere Modellierung stattfindet mit Modellelementen, die nur schwer oder gar nicht in das Ausgangsmodell zurückgeführt werden können beziehungsweise sinnvollerweise auch nicht zurückgeführt werden müssen. In Spezialfällen kann es sich um bijektive Abbildungen handeln, nämlich zumindest dann, wenn das Metamodell für das Ausgangs- und Zielmodell das gleiche ist. In dem Fall können alle Änderungen an dem Zielmodell auch unmittelbar im Quellmodell nachvollzogen werden. An dieser Stelle beginnt meiner Meinung nach eine eher akademische Diskussion, die ich im Rahmen dieses Lehrbuches nicht weiterführen möchte. Sofern weitergehendes Interesse besteht, sei zum Einstieg auf [Ste07] verwiesen. Ich möchte stattdessen ein Thema aufgreifen und vertiefen, das ich in einem früheren Kapitel bereits angekündigt habe.

3.7 UML2RDBM im rekursiven Abstieg

Wie bereits versprochen, soll nun noch einmal dieselbe Transformation `uml2rdbm` entwickelt werden, konsequent nach dem Prinzip des rekursiven Abstiegs. Das heißt, es gibt nur eine Relation, die als *top-level*-Relation den Startpunkt des Transformationsprozesses repräsentiert. Alle anderen sind *non-top-level* und diese müssen explizit aktiviert werden, um die Transformation erfolgreich vornehmen zu können.

3.7.1 Aufbau des Grundgerüsts der Transformation

Diese eine, diese oberste Relation ist `PackageToSchema`. Alle anderen Relationen werden als *non-top-level* implementiert; diese müssen explizit aufgerufen werden. Die *top-level*-Relation wird identifiziert auf der Basis des Metamodells. Die nicht abstrakte Metamodellklasse, die „ganz oben" liegt, ist ein Kandidat für eine *top-level*-Relation. Im `SimpleUML`-Metamodell ist dies zum Beispiel das `Package`.

Alle anderen Elemente, Klassen, primitive Datentypen und Assoziationen, befinden sich als `elements` in einem Paket. Das führt zu folgendem Gerüst des Transformationsscriptes, welches dann weiter ausformuliert werden kann:

```
/* UML2RDBM im rekursiven Abstieg */
transformation UmlToRdbm_Rec ( uml  : SimpleUML,
                               rdbm : SimpleRDBM )
{
   top relation PackageToSchema
   {
      checkonly domain uml  pckg : Package {/* body */};
      enforce   domain rdbm schm : Schema  {/* body */};

      where
      {
         Class2Table        ( pckg, schm );
         AssociationToTable ( pckg, schm );
      }
   }

   relation ClassToTable
   {
      checkonly domain uml  pckg : Package {/* body */};
      enforce   domain rdbm schm : Schema  {/* body */};
      where { AttributeToColumn ( cls, tbl ); }
   }

   relation AssociationToTable
   {
      checkonly domain uml  pckg : Package {/* body */};
      enforce   domain rdbm schm : Schema  {/* body */};
   }
```

```
    relation AttributeToColumn
    {
       checkonly domain uml  cls : Class {/* body */};
       enforce   domain rdbm tbl : Table {/* body */};
    }
}
```

`Classes` und `Associations` sind Bestandteile von `Packages`, die Relationen `ClassToTable` und `AssociationToTable` werden also aus `Package2Schema` aufgerufen. Analog erfolgt die Aufbereitung von Attributen `AttributeToColumn` aus `Class2Table` heraus.

Bei jedem Relations-Aufruf werden die *Root*-Elemente der aufrufenden Relationen als Argumente übergeben. Zum Beispiel wird `ClassToTable` mit dem `Package` aufgerufen, in dem sich Klassen befinden, und mit dem `Schema`, in dem die Tabellen angelegt werden sollen. Package und Schema existieren beim Aufruf; es muss also nicht mittels einer Vorbedingung die Existenz geprüft und hergestellt werden.

3.7.2 Spezifikation der Domänenmuster

In dem folgenden Transformationsscript sollen nun auf der Basis des obigen Codebeispiels die Zielobjekte zunächst mit ihrem Namen entwickelt werden. Diesmal ersparen wir uns ein wenig Schreibarbeit und verzichten auf die Platzhaltervariablen für den Namen und setzen die Namen der Quellobjekte, zum Beispiel `pckg.name`, direkt in den Domänen für die Generierung der Zielobjekte ein.

```
transformation UmlToRdbm_Rec ( uml  : SimpleUML,
                               rdbm : SimpleRDBM )
{
   top relation PackageToSchema
   {
      checkonly domain uml  pckg : Package {};

      enforce   domain rdbm schm : Schema
      {
         name = pckg.name
      };

      where
      {
         ClassToTable       ( pckg, schm );
         AssociationToTable ( pckg, schm );
      }
   }
```

```
relation ClassToTable
{
   checkonly domain uml  pckg  : Package
   {
      -- inline Adressierung der Klassen des Paketes
      ownedElement = cls  : Class {}
   };

   enforce  domain rdbm schm : Schema
   {
      -- inline Erzeugung der Tabellen unter
      -- Verwendung des Klassennamens
      table = tbl : Table { name = cls.name }
   };

   where { AttributeToColumn ( cls, tbl ); }
}

relation AttributeToColumn
{
   checkonly domain uml  cls  : Class
   {
      -- inline Adressierung der Attribute einer
      -- Klasse
      attribute = attr : Attribute {}
   };

   enforce  domain rdbm tbl : Table
   {
      -- inline Erzeugung der Tabellenspalten unter
      -- Verwendung des Attributnamens
      column = col : Column { name = attr.name }
   };
}

relation AssociationToTable
{
   checkonly domain uml  pckg  : Package
   {
      -- Adressierung der Assoziationen eines
      -- Paketes
      ownedElement = assoc  : Association { }
   };

   enforce  domain rdbm schm : Schema
   {
      -- Erzeugung der Assoziationstabelle
      table = tbl  : Table { name = assoc.name }
   };
}
}
```

3.7.3 *Behandlung von Beziehungstypen*

Für Assoziationen sollen die Namen der beteiligten Tabellen als Attribute hinzugefügt werden, jeweils mit dem Präfix 'FK_' versehen. Der Typ der hinzugefügten identifizierenden Attribute soll schlicht numerisch, 'NUMBER', sein.

```
relation Association2Table
{
   checkonly domain uml  pckg : Package
   {
      ownedElement = assoc : Association
      {
         source      = srcCls : Class {},
         destination = dstCls : Class {}
      }
   };

   enforce  domain rdbm schm : Schema
   {
      table = tbl : Table
      {
         name    = assoc.name,

         column  = col1 : Column
         {
            name = 'FK_' + srcCls.name,
            type = 'NUMBER'
         },

         column  = col2 : Column
         {
            name = 'FK_' + dstCls.name,
            type = 'NUMBER'
         }
      }
   };
}
```

3.7.4 *Attribute mit ihren primitiven Datentypen*

Bei den Attributen wollen wir erst einmal wieder davon ausgehen, dass sie nur einen primitiven Datentyp besitzen. Die Umwandlung des primitiven `SimpleUML`-Datentyps in einen `SimpleRDBM`-Datentyp erfolgt wie gehabt mit der **query** `PrimitiveTypeToSqlType`.

```
relation PrimitiveAttributeToColumn
{
   attrType : String;

   checkonly domain uml  cls : Class
   {
      attribute = attr : Attribute
      {
         type = pdt : PrimitiveDataType
         {
            name = attrType
         }
      }
   };

   enforce  domain rdbm tbl : Table
   {
      column = col : Column
      {
         name = attr.name,
         type = PrimitiveTypeToSqlType ( attrType )
      }
   };
}

query PrimitiveTypeToSqlType ( typename : String )
                             : String
{
   if (typename = 'Integer')
   then 'Integer'
   else if (typename = 'Double' )
        then 'Double Precision'
        else if (typename = 'Boolean')
             then 'Boolean'
             else if (typename = 'String')
                  then 'Varchar'
                  endif
             endif
        endif
   endif
}
```

In diesem Beispiel ist die Verwendung der freien Variablen `attrType` erforderlich, da in der Domäne der Quellklasse der Datentyp des Attributes zunächst *inline* ermittelt und zwischengespeichert werden muss.

3.7.5 Attribute mit ihren komplexen Datentypen

Nun müssen noch die komplexen Attribute behandelt werden, die keinen primitiven Datentyp besitzen, sondern eine Klasse. Das kann genauso erfolgen, wie wir bereits oben beschrieben haben. Die Attribute der Datentypklasse werden der Tabelle als Spalten hinzugefügt.

```
relation ComplexAttributeToColumn
{
   attributeName    : String;

   checkonly domain uml cls : Class
   {
       attribute = attr : Attribute
       {
          name = attributeName,

          -- Der Datentyp des Attributes ist eine
          -- Klasse
          type = attrType : Class {}
       }
   };

   enforce domain rdbm tbl : Table {};

   where
   {
      -- Rekursiver Abstieg mit der ermittelten Klasse
      -- attrType und der bekannten Tabelle tbl
      AttributeToColumn ( attrType, tbl );
   }
}
```

3.7.6 Attribute aus Vererbungsbeziehungen

Und zuletzt die Attribute, die aus Vererbungsbeziehungen resultieren. Dies wird ebenfalls wie oben implementiert. Die Attribute werden in ihrer Vererbungshierarchie von oben nach unten durchgereicht; eine Tabelle erhält also auch die Spalten, die aus den ererbten Attributen der Klasse resultieren.

```
relation SuperAttributeToColumn
{
   checkonly domain uml  cls : Class
   {
      general = supcls : Class {}
   };
```

```
        enforce   domain rdbm tbl : Table {};

        where
        {
           AttributeToColumn ( supcls, tbl );
        }
    }
```

`AttributeToColumn` ist der Rahmen für die Aufbereitung der Tabellenspalten.

```
    relation AttributeToColumn
    {
        checkonly domain uml  cls : Class { };
        enforce   domain rdbm tbl : Table { };

        where
        {
           PrimitiveAttributeToColumn ( cls, tbl );
           ComplexAttributeToColumn   ( cls, tbl );
           SuperAttributeToColumn     ( cls, tbl );
        }
    }
```

Ein Package und alle Elemente darin können nun auf diesem Weg ebenso transformiert werden wie in der oben vorgestellten Lösung mit mehreren gleichrangigen *top-level*-Relationen.

Der Lösungsweg des rekursiven Abstiegs ist insgesamt ein recht systematischer Ansatz, der immer dann angezeigt ist, wenn die vorliegenden Metamodelle eine klare hierarchische Struktur besitzen, wie das zum Beispiel auch beim UML2-Metamodell der Fall ist. Das werden wir uns im folgenden Kapitel noch einmal genauer ansehen.

3.8 UmlToEjb – Ein Beispiel mit dem UML2-Metamodell

Bisher ist die *Relations Language* an einem doch recht akademischen Beispiel erörtert worden, der Transformation von simplen UML-Modellen nach simplen RDBM-Modellen mittels `UmlToRdbm`. Das war auch gut so, denn an dieser Transformation konnten wir uns auf der einen Seite mit Metamodellen beschäftigen – mit sehr einfachen, eben den simplen Metamodellen `SimpleUML` und `SimpleRDBM`.

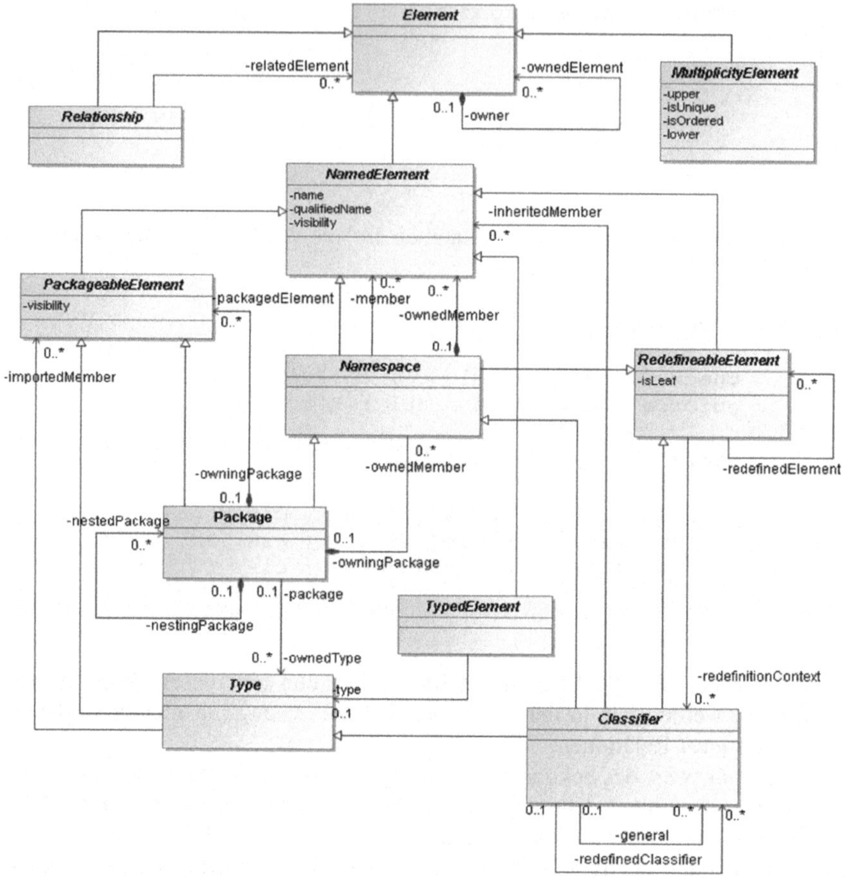

Abb. 3.17: Das Metamodell UML2 im Kontext *Element*

Auf der anderen Seite war dieses Beispiel doch komplex genug, um viele Facetten der Transformation mit der *Relations Language* kennen und verstehen zu lernen, da die simplen Metamodelle eine Erstellung von Modellen ermöglichen, die im Grunde genommen bereits einige klassische Darstellungsmittel von Modellierungssprachen umfassen:

- Gegenständliche Elemente: `Packages`, `Classifier`, `Classes`, `Datatypes`
- Beziehungen: einfache Assoziationen, Generalisierung
- Eigenschaften: `Attribute`

Dies sind auch die Kategorien von Elementen, die üblicherweise in UML-Strukturmodellen, insbesondere in Klassendiagrammen, Verwendung finden, wobei die Modellierungssprache UML natürlich sehr viel komplexer ist und sehr viel mehr an Sprachmitteln und Ausdrucksvielfalt umfasst.

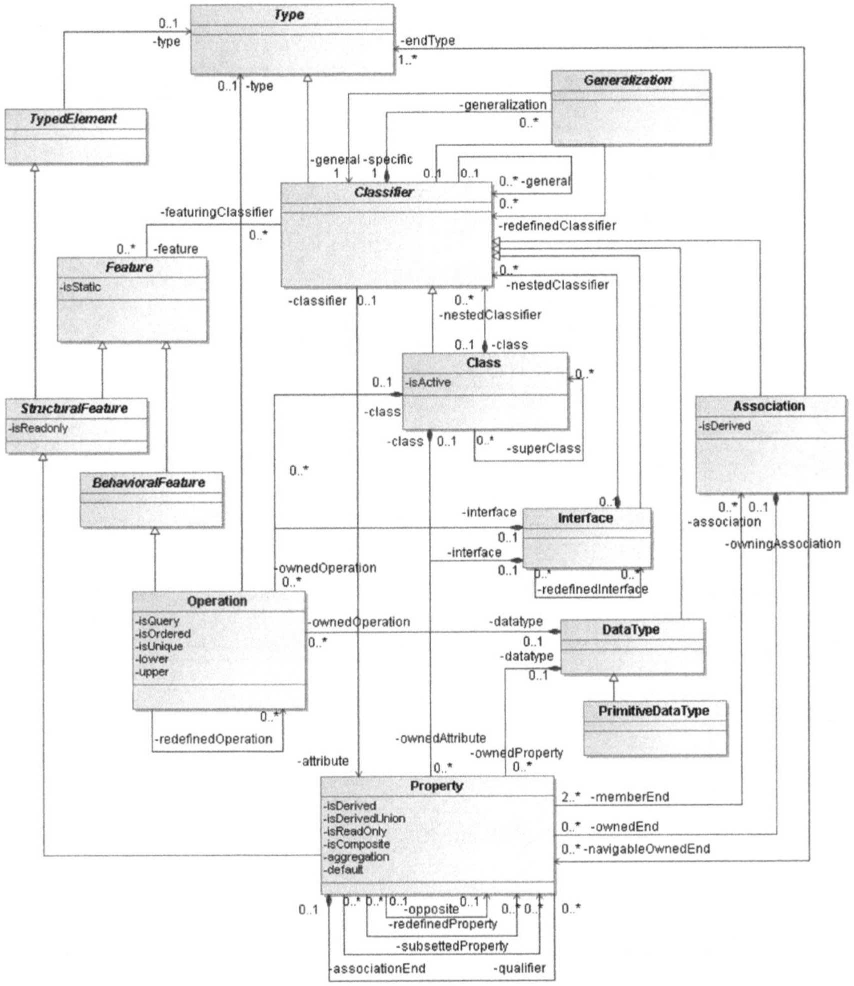

Abb. 3.18: Das Metamodell UML2 im Kontext *Classifier*

Einen Eindruck von der Komplexität des UML2-Metamodells erhält man aus den Abbildungen 3.17 und 3.18, welche die Zusammenhänge im Kontext der Strukturdiagramme (*Kernel Structure, Classes*) zeigen. Es handelt sich dabei um eine Zusammenfassung der abstrakten Syntax der strukturbeschreibenden Elemente der UML2 Superstructure ([UML2]).

Unter Verwendung dieses Ausschnitts des UML2-Metamodells wird nun im Folgenden eine Transformation beschrieben, in der aus einem Fachklassendiagramm der PIM-Ebene ein UML-*EntityJavaBean*-Modell der PSM-Ebene entwickelt werden soll (Abbildung 3.19). Dabei werden wir uns auf *SessionBeans* beschränken; es soll also keine Differenzierung zwischen *SessionBeans* und *EntityBeans* stattfinden.

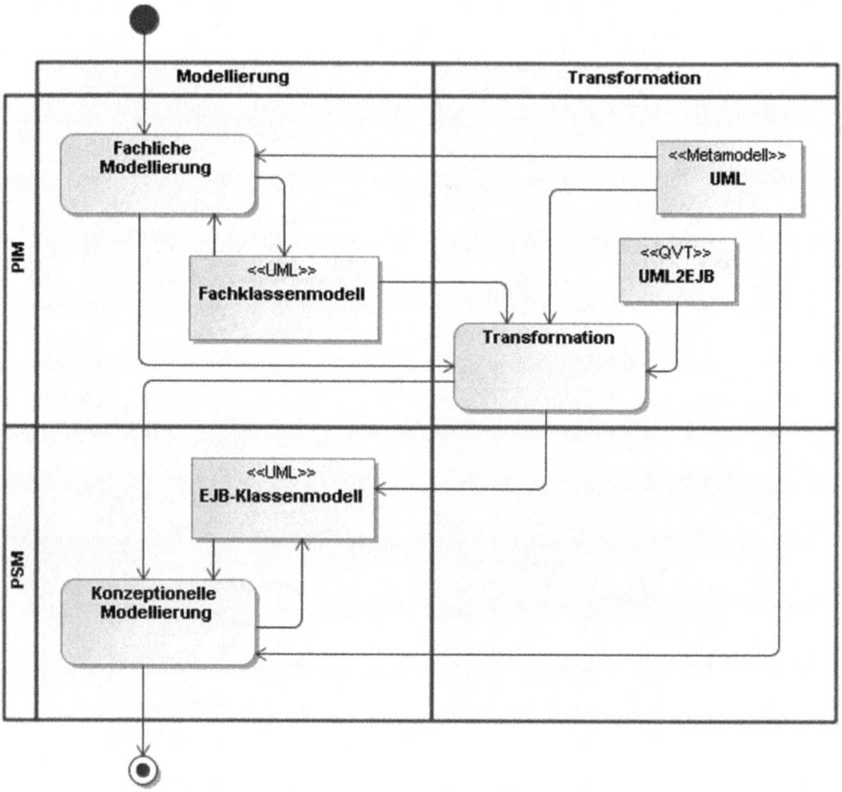

Abb. 3.19: Die Transformation UML2EJB im MDA-Pattern

3.8.1 Aufgabe

1. Durch die Transformation `UmlToEjb` werden alle Klassen eines Fachklassendiagramms zu `SessionBeans` umgewandelt.
2. Alle anderen Elemente des Modells, `Packages`, `Interfaces`, `Datatypes`, `Relationships` unterschiedlicher Art etc., werden so übernommen wie sie sind.
3. Die Klassen sind also die einzigen Elemente, um die wir uns intensiver kümmern werden. Eine Klasse wird als `Bean`-Komponente betrachtet.
4. Jede `Bean`-Komponente wird in einem eigenen Paket realisiert.
5. In dem Paket werden die `Bean`-Klasse selbst und ihre `Interfaces` – `Home`, `Remote` – angelegt.

6. Die generierten Komponenten und auch die generierten Interfaces sollen durch geeignete Präfixe in ihren Namen erkennbar sein, zum Beispiel 'SB_'Packagename, 'Home_'Classname, 'Remote_'Classname, um sie so von den vorhandenen Interfaces und Paketen abgrenzen zu können.
7. Alle Attribute und Methoden der Fachklassen werden übernommen und als private gekennzeichnet, für jedes Attribut wird eine *getter*- und *setter*-Methode generiert.
8. Die *getter* und *setter* werden in dem RemoteInterface publiziert.
9. Die Methoden der Quellklasse repräsentieren die Businessmethoden der Klasse; diese werden ebenfalls im RemoteInterface angeboten.

Da dieses Beispiel etwas komplizierter ist, wollen wir es ebenfalls Schritt für Schritt entwickeln.

3.8.2 Identifizieren der relevanten UML-Elemente

Das Quellmodell wie auch das Zielmodell der Transformation UmlToEjb ist jeweils ein UML-Klassendiagramm.

```
transformation UmlToEjb ( source : uml, target : uml )
{
   -- relations
}
```

Das Beispielmodell (Abbildung 3.20) ist eine Fortführung unseres bekannten SimpleUML-Modells des Wohnungsbaukreditgeschäfts als UML2-Klassendiagramm. Es enthält eine Package, Classes, DataTypes, Interfaces, verschiedene Relationships zwischen den Classes. Das oberste Package ist das Modell namens Wohnungsbaufinanzierung. Bei den Klassen handelt es sich um Geschäftsklassen, die jeweils zu einer EJB-Komponente (SessionBean) transformiert werden sollen.

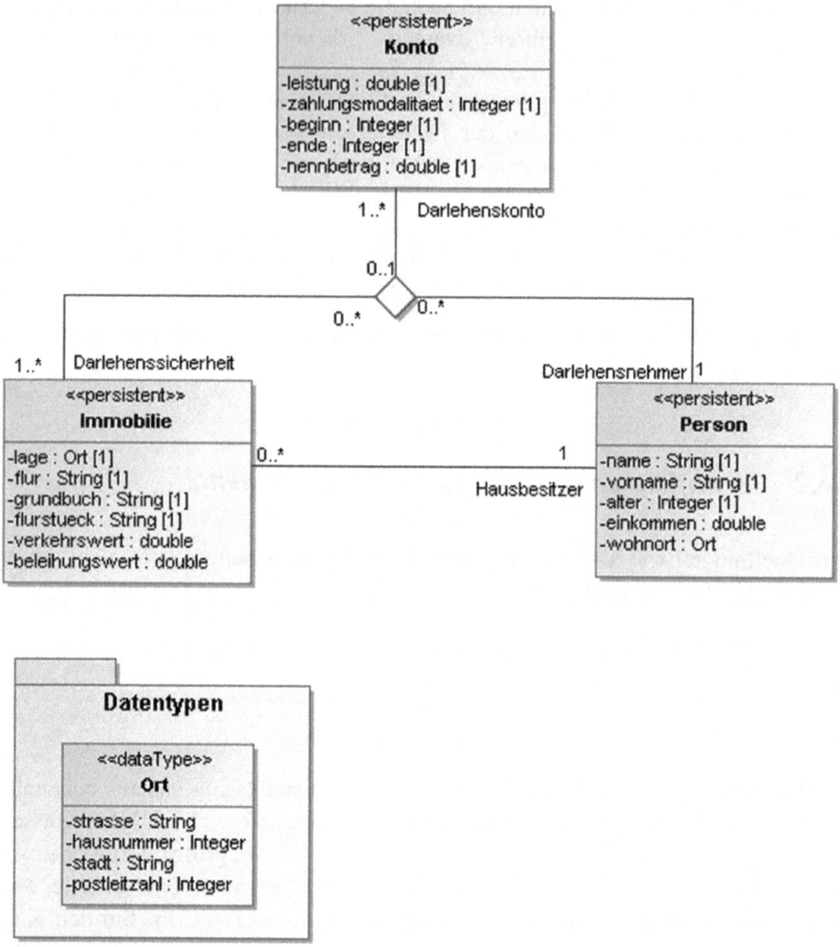

Abb. 3.20: Das Wohnungsbaukreditgeschäft als UML-Diagramm

`Classes` wie auch andere Spezialisierungen vom abstrakten Metamodelltyp `Classifier` können Attribute (`ownedAttributes` vom Typ `Property`) und Methoden (`ownedOperations` vom Typ `Operation`) besitzen. `Model` ist der Kandidat für eine *top-level*-Relation.

```
transformation UmlToEjb ( source : uml, target : uml )
{
   top relation Model    { /* domains */ }
   relation Packages     { /* domains */ }
   relation Datatypes    { /* domains */ }
   relation Interfaces   { /* domains */ }
   relation Classes      { /* domains */ }
```

```
    relation Associations { /* domains */ }
    relation Attributes   { /* domains */ }
    relation Operations   { /* domains */ }
}
```

Alle weiteren Elemente sind `packagedElements` und befinden sich entweder direkt im obersten Paket `Model`, innerhalb eines Sub-Packages oder eines anderen Elementes. Dies soll im Sinne eines rekursiven Abstiegs in Form einer Auffolge umgesetzt werden, indem die Relationen, die die `packagedElements` repräsentieren, in der **where**-Klausel der `Model`-Relation oder eben anderer Relationen, die `packagedElements` besitzen können, aufgerufen werden.

```
top relation Model
{
    -- domains
    where
    {
        Packages     ( /* Argumente */ );
        Datatypes    ( /* Argumente */ );
        Interfaces   ( /* Argumente */ );
        Classes      ( /* Argumente */ );
        Associations ( /* Argumente */ );
    }
}
```

Ein `Package` kann ebenfalls `Packages`, `DataTypes`, `Interfaces`, `Classes` und `Associations` besitzen.

```
relation Packages
{
    -- domains
    where
    {
        Packages     ( /* Argumente */ );
        Datatypes    ( /* Argumente */ );
        Interfaces   ( /* Argumente */ );
        Classes      ( /* Argumente */ );
        Associations ( /* Argumente */ );
    }
}
```

`Classes`, `DataTypes` und `Interfaces` besitzen als `ownedAttributes` Attribute und als `ownedOperations` Operationen. `Classes` können zudem auch andere innere Klassen besitzen. Letzteres wollen wir nicht weiter betrachten.

```
relation Classes
{
   /* domains */
   where
   {
      Attributes ( /* Argumente */ );
      Operations ( /* Argumente */ );
   }
}

relation Datatypes
{
   /* domains */
   where
   {
      Attributes ( /* Argumente */ );
      Operations ( /* Argumente */ );
   }
}

relation Interfaces
{
   /* domains */
   where
   {
      Attributes ( /* Argumente */ );
      Operations ( /* Argumente */ );
   }
}
```

Alle anderen Relationskandidaten

```
relation Associations { /* domains */ }
relation Attributes   { /* domains */ }
relation Operations   { /* domains */ }
```

besitzen keine inneren Elemente.

3.8.3 Domänen und Domänenmuster

Mit der Wahl einer *top-level*-Relation und dem expliziten Aufruf aller anderen haben wir einen Lösungsansatz, der dem Prinzip des rekursiven Abstiegs folgt. Die Domänenmuster sollen zunächst soweit beschrieben werden, dass die Generierung der Objekte im Zielmodell mit ihren Namen erfolgen kann. Dazu wird jedes Element im Zielmodell als das angelegt, was es ist, also `Models` zu `Models`, `Packages` zu `Packages` und so weiter.

Die Unterscheidung zwischen `Model` und `Package` ist aus pragmatischen Gründen erforderlich. Ein Modell ist UML-technisch auch ein Paket, eben das oberste. Und Pakete können Pakete enthalten. Als *top-level*-Relation könnte `Packages` jedoch nicht in **where**-Klauseln aufgerufen werden. Damit wäre in Bezug auf die `Packages` als innere Elemente von `Packages` kein rekursiver Abstieg möglich. Aus dem Grund wird neben `Packages` die *top-level*-Relation `Model` eingeführt. Somit ist dann über die Benutzung in den **where**-Klauseln Rekursion und rekursiver Abstieg möglich.

```
top relation Model
{
   modelName : String;

   checkonly domain source srcMdl : Model
   {
      name = modelName
   };

   enforce  domain target dstMdl : Model
   {
      name = modelName
   };

   where
   {
      Packages     ( srcMdl, dstMdl );
      Classes      ( srcMdl, dstMdl );
      Datatypes    ( srcMdl, dstMdl );
      Interfaces   ( srcMdl, dstMdl );
      Associations ( srcMdl, dstMdl );
   }
}
```

Jede weitere Relation soll sich um die Elemente ihres Typs kümmern, die das aufrufende Element besitzt. Der Abstieg in die nächste Transformationsebene erfolgt mit den inneren Quell- und Zielobjekten des betrachteten Elements. Ein Package kann zum Beispiel weitere innere Packages besitzen. Diese werden mit entsprechenden Domänen behandelt.

```
relation Packages
{
    packageName = String;
    checkonly domain source srcPkg : Package
    {
       packagedElement = innerSrcPkg : Package
       {
          name = packageName
       }
    };
```

```
      enforce  domain target dstPkg : Package
      {
         packagedElement = innerDstPkg : Package
         {
            name = packageName
         }
      };
```

Und deren innere Elemente werden durch erneuten Abstieg mit den entsprechenden möglichen Elementtypen transformiert.

```
      where
      {
         Packages      ( innerSrcPkg, innerDstPkg );
         Classes       ( innerSrcPkg, innerDstPkg );
         Datatypes     ( innerSrcPkg, innerDstPkg );
         Interfaces    ( innerSrcPkg, innerDstPkg );
         Associations  ( innerSrcPkg, innerDstPkg );
      }
   }
```

Analog für Klassen. Zunächst die Transformation der Klasse selbst mit der Feststellung der inneren Elemente.

```
   relation Classes
   {
      className = String;

      checkonly domain source srcPkg : Package
      {
         packagedElement = innerSrcCls : Class
         {
            name = className
         }
      };

      enforce  domain target dstPkg : Package
      {
         packagedElement = innerDstCls : Class
         {
            name = className
         }
      };
```

Danach der Abstieg zur Transformation der inneren Elemente.

```
    where
    {
        ClsAttributes (innerSrcCls, innerDstCls);
        ClsOperations (innerSrcCls, innerDstCls);
    }
}
```

Die Relationen `Interfaces` und `Datatypes` sind ähnlich aufgebaut wie `Classes`. Ebenso `Associations`, `Attributes` und `Operations`, wobei diese keine weiteren inneren Elemente besitzen und demnach hier der Abstieg beendet ist. In Bezug auf Attribute und Operationen muss man allerdings Folgendes bedenken: Dadurch, dass jede Relation mit ihrem besitzenden Element aufgerufen wird, werden für die Attribute und Operationen von Klassen, Interfaces und Datentypen jeweils eigene Relationen benötigt.

```
relation Classes
{
    -- domains
    where
    {
        ClsAttributes (innerSrcCls, innerDstCls);
        ClsOperations (innerSrcCls, innerDstCls);
    }
}

relation Datatypes
{
    /* domains */
    where
    {
        DtAttributes (innerSrcDt, innerDstDt);
        DtOperations (innerSrcDt, innerDstDt);
    }
}

relation Interfaces
{
    /* domains */
    where
    {
        IfcAttributes (innerSrcIfc, innerDstIfc);
        IfcOperations (innerSrcIfc, innerDstIfc);
    }
}
```

Das ist ein wenig unhandlich. Eine Generalisierung und polymorphe Lösung ist in diesem Kontext allerdings nicht möglich, da abstrakte Metaklassen im Zielmodell nicht instanziiert werden können. Das heißt, auch wenn man zum Beispiel Elemente der Metaklasse `Classifier` übergibt, muss in den elementspezifischen Relationen doch die Instanz der konkreten Metaklasse `Class`, `DataType` oder `Interface` mit ihren inneren Elementen behandelt werden. Etwas mehr Schlüssigkeit kann man gegebenenfalls dadurch erreichen, dass die `ownedAttributes` und `ownedOperations` in den Relationen ihren jeweiligen besitzenden Metaklassen *inline* transformiert werden.

Nach diesem Muster kann nun die Transformation weiter aufgebaut werden, sodass wir ein Zielmodell erhalten, das weitgehend identisch zum Quellmodell ist.

3.8.4 Business-Klassen mit ihren Attributen und Operationen

Damit haben wir bereits eine Transformation, die ein gültiges Ergebnis liefert, ein Zielmodell mit den Bestandteilen, die einen Namen und sonst keine weiteren Eigenschaften besitzen. Das ist aber noch nicht ganz das, was wir uns vorgenommen haben.

Attribute und Operationen als Elemente von Klassen werden noch nicht sinnvoll aufgearbeitet. Attribute sollen mit ihrem Namen und ihrem Typ in das Zielmodell übernommen werden; auch dann, wenn es sich bei dem Typ um einen komplexeren Datentyp handelt. Eine Auflösung von komplexen Datentypen, wie wir das im Relationenmodell vorgenommen haben, ist im UML-Modell nicht erforderlich.

Alle Attribute der SessionBean im Zielmodell sollen `private` sein. Zudem wird für jedes Attribut eine `getter`- und eine `setter`-Methode generiert. Die `getter`-Methode soll ein Ergebnis des Typs liefern, den auch das Attribut besitzt. Die `setter`-Methode soll einen formalen Parameter vom Typ des Attributes liefern.

```
-- Übernahme der Attribute der Klasse und Generierung
-- der getter und setter
relation ClsAttributes
{
   -- Hilfsvariablen
   propName : String;
   propType : String;

   checkonly domain source srcCls : Class
   {
      ownedAttribute = srcProp : Property
      {
         name = propName,
         type = propType
      }
   };
```

```
        enforce  domain target dstCls : Class
        {
            ownedAttribute = dstProp : Property
            {
                name = propName,
                type = propType,
                visibility = VisibilityKind::private
            },

            -- Spezifikation des getters. Der getter hat
            -- keine formalen Parameter, liefert aber einen
            -- Wert vom Typ des Attributes.
            ownedOperation = getprop : Operation
            {
                name = 'get' + propName,
                type = propType
            },

            -- Spezifikation des setters. setter haben
            -- keinen Ergebnistyp, als formaler Parameter
            -- wird jedoch ein Wert vom Typ des Attributes
            -- erwartet
            ownedOperation = setprop : Operation
            {
                name = 'set' + propName,
                ownedParameter = par : Parameter
                {
                    direction =
                            uml::ParameterDirectionKind::inout,
                    name      = 'p_' + propName,
                    type      = propType
                }
            }
        };
    }
```

Die Operationen besitzen neben ihrem Namen weitere Merkmale wie z.B. formale Parameter und Datentypen der Rückgabewerte. Operationen werden zunächst mit ihrem Namen und ihrer Signatur übernommen.

```
    -- Operationen werden übernommen, wie sie sind,
    -- mindestens in ihrer Signatur
    relation ClsOperations
    {
        checkonly domain source srcCls : Class
        {
            ownedOperation = srcOp : Operation
            {
                ownedParameter = srcOpPar : Parameter {}
            }
        };
```

```
        enforce  domain target dstCls : Class
        {
           ownedOperation = dstOp : Operation
           {
              -- In diesem Beispiel wird auf Hifsvariablen
              -- verzichtet. Daurch kann man sich etwas
              -- Schreibarbeit ersparen, die Übersicht-
              -- lichkeit leidet jedoch zuweilen.
              name = srcOp.name,
              type = srcOp.type,
              visibility = srcOp.visibility,

              ownedParameter = dstOpPar : Parameter
              {
                 direction = srcOpPar.direction,
                 name      = srcOpPar.name,
                 type      = srcOpPar.type
              }
           }
        };
     }
```

3.8.5 *Business-Klassen mit ihren Assoziationen*

Assoziationsenden sind `Properties` von `Associations`. Diese sollen ebenfalls mit ihrem Namen und dem Typ der Assoziationsenden dem Zielmodell hinzugefügt werden. Assoziationsenden sind vergleichbar mit strukturierten Attributen. Der Typ eines Assoziationsendes ist die assoziierte Klasse.

```
relation Associations
{
   checkonly domain source src : uml::Package
   {
      packagedElement = srcAssoc:uml::Association{}
   };

   enforce  domain target dst : uml::Package
   {
      packagedElement = dstAssoc:uml::Association
      {
         name = srcAssoc.name
      }
   };

   where { AssociationEnds(srcAssoc, dstAssoc); }
}
```

```
relation AssociationEnds
{
   checkonly domain source src : uml::Association
   {
      ownedEnd = srcAssocEnd : Property { }
   };

   enforce  domain target dst : uml::Association
   {
      ownedEnd = dstAssocEnd : Property
      {
         name = srcAssocEnd.name,
         type = srcAssocEnd.type,
         upperValue = srcAssocEnd.upperValue,
         lowerValue = srcAssocEnd.lowerValue
      }
   };
}
```

3.8.6 Generieren der SessionBean-Methoden und Interfaces

Zuerst wollen wir der Forderung nachkommen, dass je Klasse des Quellmodells ein Paket im Zielmodell angelegt werden soll. Dies nennen wir `'SB_' + className`. In dem Paket soll sich die Klasse befinden und ihre SessionBean-Schnittstellen, das `Home`- und `Remote`-Interface, die die Services der Bean-Komponente nach außen anbieten. Die Bean-Klasse ist `private`, die angebotenen Schnittstellen sollen `public` sein. Das kann im Großen und Ganzen in Form von *Inline*-Objekterzeugungen im Rahmen der Generierung der Zielkomponenten erfolgen.

```
relation Classes
{
   className : String;

   checkonly domain source src : Package
   {
      packagedElement = dstCls : Class
      {
         name = className
      }
   };

   enforce  domain target dst : Package
   {
      packagedElement = beanPkg : Package
      {
         name = 'SB_' + className,
```

```
            packagedElement = dstCls : Class
            {
               name = className,
               visibility = VisibilityKind::private
            },

            packagedElement = hIfc : Interface
            {
               name = className + 'Home',
               visibility = VisibilityKind::public
            },

            packagedElement = rIfc : Interface
            {
               name = className + 'Remote',
               visibility = VisibilityKind::public
            }
         };

         where
         {
            ClsAttributes ( srcCls, dstCls );
            ClsOperations ( srcCls, dstCls );
         }
      }
```

Zur Erzeugung der `SessionBean`-Methoden und deren Veröffentlichungen in den Interfaces werden explizite Relations implementiert, obwohl man das *Inline* ebenso einfach machen kann. Alle `Bean`-Methoden sind per Definition ohne Ergebnistyp und ohne formale Parameter; die Sichtbarkeit soll `public` sein.

```
relation Classes
{
   -- domains

   where
   {
      -- Standard Bean  Operationen
      SBOperations    ( dstCls );

      -- Home Interface Operationen
      HIfcOperations ( hIfc   );

      -- Remote Interf. Operationen
      RIfcOperations ( srcCls, rIfc   );
      Attributes     ( srcCls, dstCls );
      Operations     ( srcCls, dstCls );
   }
}
```

```
relation SBOperations
{
   enforce  domain target oc : Class
   {
      ownedOperation = setSessionContext : Operation
      {
         name       = 'setSessionContext',
         visibility = VisibilityKind::public
      },

      ownedOperation = ejbCreate         : Operation
      {
         name       = 'ejbCreate',
         visibility = VisibilityKind::public
      },

      ownedOperation = ejbPostCreate     : Operation
      {
         name       = 'ejbPostCreate',
         visibility = VisibilityKind::public
      },

      ownedOperation = ejbActivate       : Operation
      {
         name       = 'ejbActivate',
         visibility = VisibilityKind::public
      },

      ownedOperation = ejbPassivate      : Operation
      {
         name       = 'ejbPassivate',
         visibility = VisibilityKind::public
      },

      ownedOperation = ejbRemove         : Operation
      {
         name       = 'ejbRemove',
         visibility = VisibilityKind::public
      }
   };
}
```

Auch die Methoden des *Home Interfaces* sind, da es sich um die Veröffentlichung von Bean-Standardmethoden wie zum Beispiel `create` und `remove` handelt, ohne Ergebnistyp und ohne formale Parameter; die Sichtbarkeit soll ebenfalls `public` sein, was eigentlich nicht explizit spezifiziert sein müsste. Die Sichtbarkeit `public` ist voreingestellt.

```
relation HIfcOperations
{
   enforce  domain target ifc : Interface
   {
      ownedOperation = create : Operation
      {
         name       = 'create',
         visibility = VisibilityKind::public
      },

      ownedOperation = remove : Operation
      {
         name       = 'remove',
         visibility = VisibilityKind::public
      },

      ownedOperation = getEJBMetaData : Operation
      {
         name       = 'getEJBMetaData',
         visibility = VisibilityKind::public
      },

      ownedOperation = getHomeHandle  : Operation
      {
         name       = 'getHomeHandle',
         visibility = VisibilityKind::public
      }
   };
}
```

Im *Remote Interface* sollen die Business-Methoden der Klassen als Operationen der `SessionBean` deklariert werden, aber nur dann, wenn sie `public` sind. Um diese Vorbedingung abprüfen zu können, muss eine eigene Relation für *Remote Interfaces* her.

```
relation RIfcOperations
{
   -- Name der Operation
   opName    : String;
   -- Datentyp der Operation
   opType    : DataType;
   -- Name eines Parameter der Operation
   paramName : String;
   -- Datentyp eines Parameter der Operation
   paramType : DataType;
   -- Parametertyp
   paramDir  : ParameterDirectionKind;
```

```
    checkonly domain source srcCls : Class
    {
       ownedOperation = srcOp : Operation
       {
           -- Dass die Sichtbarkeit public ist, ist
           -- hier eine Vorbedingung.
          visibility = VisibilityKind::public,
          name       = opName,
          type       = opType,

          ownedParameter = srcOpPar : Parameter
          {
             name      = paramName,
             type      = paramType,
             direction = paramDir
          }
       }
    };

    enforce  domain target dstRIfc : Interface
    {
       ownedOperation = dstOp : Operation
       {
          name       = opName,
          type       = opType,
          visibility = VisibilityKind::public,

          ownedParameter = dstOpPar : Parameter
          {
             name      = paramName,
             type      = paramType,
             direction = paramDir
          }
       }
    };
}
```

Zu den Business-Methoden einer `SessionBean` zählen auch die generierten *getter-* und *setter*-Methoden für die `public`-Attribute. Das Publizieren dieser Methoden im *Remote Interface* soll direkt bei ihrer Erzeugung vorgenommen werden und zwar mit einer eigenen **`enforce domain`**, die der Relation `ClsAttributes` hinzugefügt wird.

```
relation ClsAttributes
{
   attrName: String;   -- Name des Attributes
   attrType: DataType; -- Datentyp des Attributes

   checkonly domain source srcCls : Class
   {
      ownedAttribute = srcProp : Property
      {
         name = attrName,
         type = attrType
      }
   };

   enforce  domain target dstCls : Class
   {
       -- domain pattern wie oben.
   };

   -- domain für die Generierung der getter und
   -- setter Signaturen im Remote Interface.
   enforce  domain target dstRIfc : Interface
   {
      ownedOperation = getprop : Operation
      {
         name = 'get' + attrName,
         type = attrType,
         visibility = VisibilityKind::public
      },

      ownedOperation = setprop : Operation
      {
         name = 'set' + attrName,
         visibility = VisibilityKind::public,

         ownedParameter = par : Parameter
         {
            direction =
                 uml::ParameterDirectionKind::inout,
            name      = 'p_' + attrName,
            type      = attrType
         }
      }
   };
}
```

`ClsAttributes` hat nun drei Domänen, die beim Aufruf in der Relation `Classes` berücksichtigt werden müssen.

```
relation Classes
{
   -- domains wie oben.
   where
   {
      ClsAttributes ( srcCls, dstCls, rIfc );
      ClsOperations ( srcCls, dstCls );
   }
}
```

Damit ist die Aufgabe gelöst und das UML-Diagramm des Wohnungsbaukreditgeschäftes aus der Abbildung 3.20 kann zum EJB-Diagramm, wie in Abbildung 3.21 und Abbildung 3.22 zu sehen, transformiert werden. In diesem Beispiel handelt es sich um eine klassische „PIM-nach-PSM"-Transformation, da wir uns ein noch weitgehend plattformneutrales Geschäftsklassenmodell vornehmen (Abbildung 3.19), das Klassen, Beziehungen zwischen diesen und deren Attribute und Methoden kennt. Überlegungen wie Schnittstellen und Aufbau gemäß bestimmter Architekturmodelle bleiben jedoch weitgehend unberücksichtigt.

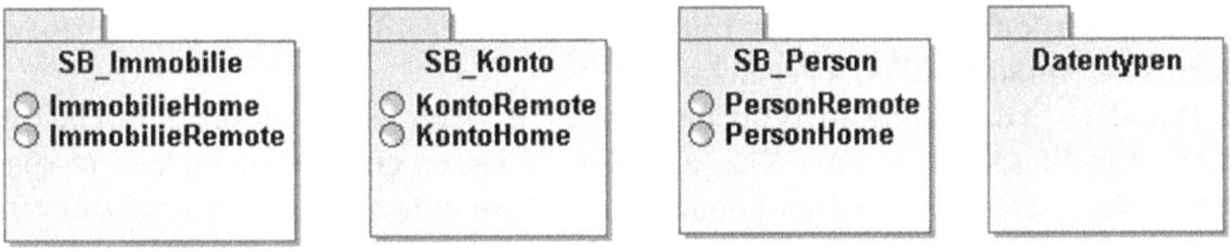

Abb. 3.21: Das Wohnungsbaukreditgeschäft als EJB-Diagramm

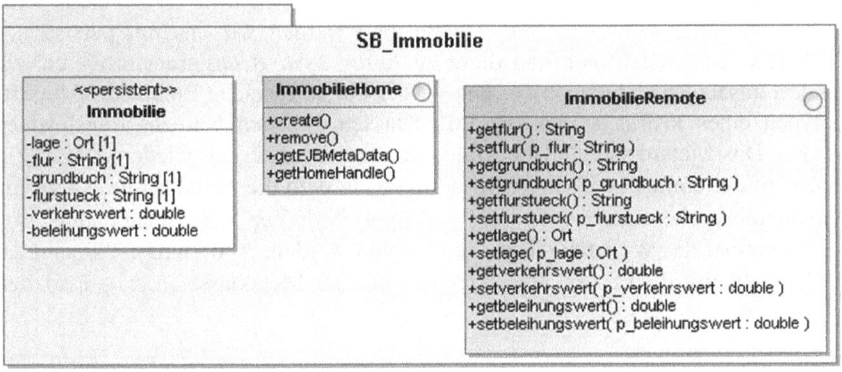

Abb. 3.22: Die SessionBean SB_Immobilie

Als Zielmodell ist ein *EntityJavaBean*-Modell erstellt worden, welches, wie auch das Quellmodell, im UML2-Metamodell repräsentiert ist. Als Zielplattform wird eine J2EE-Entwicklungsumgebung angenommen, womit schon ganz klare

Design-Entscheidungen vorliegen, die im Rahmen der Transformation pauschal umgesetzt werden können. Die Zielmodelle sind allerdings in Hinsicht auf ein schlüssiges EJB-Design noch nicht fertig. Zum Beispiel sind die Beziehungstypen in den Diagrammen oder die Abhängigkeiten zwischen den Paketen nicht erkennbar. Zudem kann in den EJB-Diagrammen der PSM-Ebene das Design der Komponenten nun so weit fortgeführt werden, dass die Methoden der Bean-Klasse mit entsprechenden verhaltensbeschreibenden Mitteln weiter ausformuliert werden. So weit möchte ich an dieser Stelle aber nicht gehen.

3.9 QVT und UML-Profile

Nach dem etwas tieferen Einblick in die Transformationen von UML-Modellen mit *Relations Language* soll zu guter Letzt noch ein Thema behandelt werden: der Umgang mit UML-Profilen und die Transformation von markierten Modellen. Ein UML-Profil ist ein *Package* des UML-Metamodells, in dem Metaklassen in spezieller Weise ausgedehnt und mit bestimmten domänenspezifischen Merkmalen versehen werden können. In der Literatur werden Profile oft auch als domänenspezifische Sprachen (DSL) bezeichnet.

Bei den Erweiterungsmerkmalen handelt es sich um Stereotypen [UML2, MOF]. Ein Stereotyp ist eine Klasse, mit der Klassen eines Metamodells in spezieller Weise erweitert werden können. Die Zuordnung eines Stereotyps zu einer Metaklasse erfolgt durch eine *Extension*-Beziehung. Ein klassisches UML-Profil ist zum Beispiel die Spezifikation der SysML [SysML, Weil08]. Die SysML ist eine UML2-basierte Modellierungssprache, die insbesondere für *Systems Engineering* entwickelt worden ist.

Im Rahmen von MDA-Techniken werden Stereotypen oft zur Steuerung von Transformationen herangezogen. Als Beispiel werden wir uns mit persistenten UML-Klassen beschäftigen und diese zu *Entity Java Beans* transformieren, zumindest ansatzweise. Doch zuvor erst wieder einige einfache Einblicke. Alle Stereotypen eines Profils sollen zu UML-Klassen gleichen Namens transformiert werden. Das Metamodell für die Transformation ist natürlich wieder UML2. Zudem wird ein einfaches UML-Profil definiert, in dem die Metaklasse `Class` mit dem Stereotyp `<<persistent>>` versehen wird. Zur Veranschaulichung soll wieder einmal das Werkzeug Topcased bemüht werden. Abbildung 3.23 zeigt das UML Profil mit dem einen Stereotyp, das mit der Metaklasse `Class` assoziiert ist.

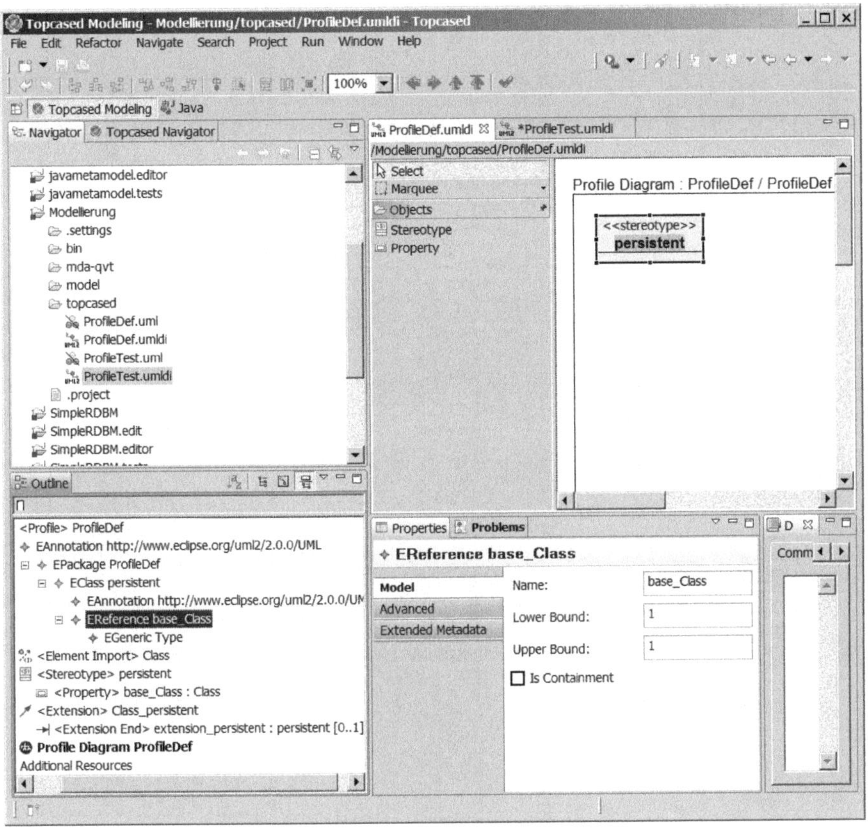

Abb. 3.23: UML-Profil mit Stereotyp <<persistent>>

In dem simplen UML-Modell `ProfilTest` (Abbildung 3.24) sind nun zwei Klassen abgebildet, eine davon ist mit dem Stereotyp `<<persistent>>` markiert, die andere ist nicht markiert.

In der folgenden, sehr einfachen Transformation wird nun je Stereotyp eine Klasse gleichen Namens im Zielmodell erzeugt. Hiermit sollen zunächst alle definierten Stereotypen erfasst werden. Bei der Durchführung der Transformation muss neben dem Metamodell für das Quell- und Zielmodell auch das UML-Profil angegeben werden. Bei mediniQVT erfolgt das dadurch, dass in der Konfiguration der Transformationsausführung unter *first set of models* neben dem Quellmodell `ProfilTest.uml` das UML-Profil `ProfileDef.uml` referenziert wird.

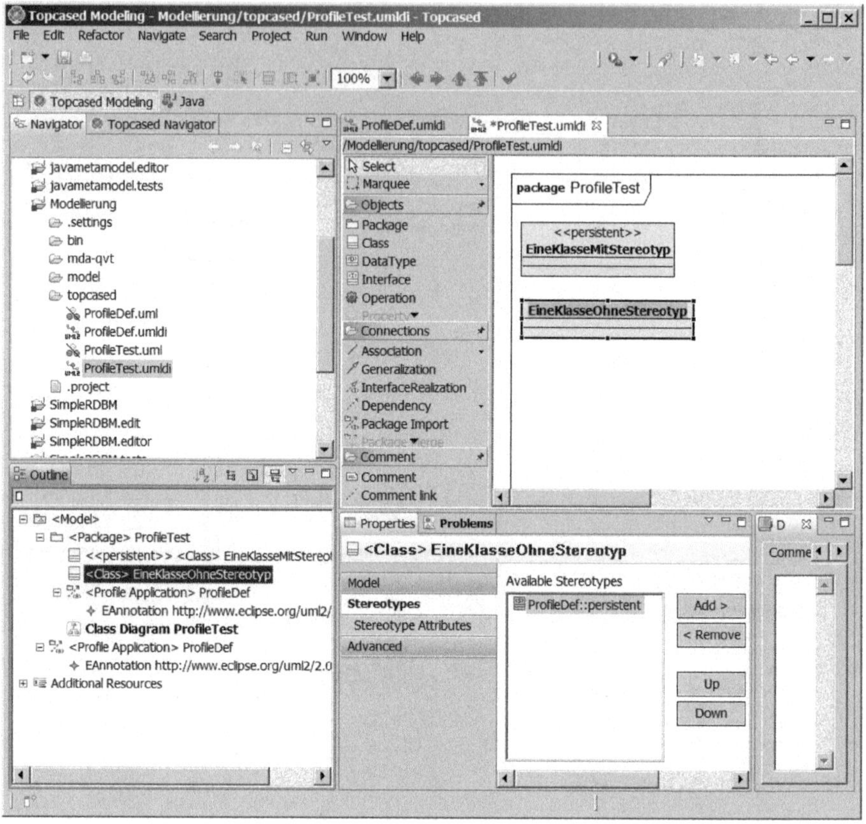

Abb. 3.24: Anwendung des Stereotyps im UML-Modell

```
transformation QvtWithProfilesSimple ( source : uml,
                                       target : uml )
{
   top relation StereoTypes
   {
      stName : String;
      checkonly domain source srctype : Stereotype
      {
         name = stName
      };
      enforce   domain target dsttype : Class
      {
         name = stName
      };
   }
}
```

Das nun folgende Beispiel ist schon nicht mehr ganz so einfach, aber damit kommen wir unserem oben geforderten Ziel etwas näher. Je Klasse des Quellmodells wird eine Klasse im Zielmodell angelegt, aber nur dann, wenn sie mit dem Stereotyp `<<persistent>>` markiert ist. Die Spezifikation der *Relations Language* bietet für diese Zwecke bedauerlicherweise keine Standardfunktionen an, so dass man hierfür entweder auf Methoden des UML-Frameworks von Eclipse zurückgreifen muss, zum Beispiel `isStereotypeApplied()`, oder für die nötigen Abfragen eigene OCL Queries entwickeln muss, zum Beispiel `getStereotype()` oder `getStereotypes()`.

```
transformation QvtWithProfiles ( source : uml,
                                 target : uml )
{
   top relation Classes
   {
      className : String;
      st        : Stereotype;

      checkonly domain source srcCls : Class
      {
         name  = className
      };

      enforce   domain target dstcls : Class
      {
         name  = className
      };

      when
      {
         -- getStereotype liefert einen Stereotyp mit
         -- Namen 'persistent'
         st  = getStereotype ( 'persistent' );

         -- Ist der Stereotyp mit der Source-Klasse
         -- assoziiert?
         srcCls.isStereotypeApplied(st);
      }
   }

   -- Für die Suche nach bestimmten Stereotypen wird
   -- auf OCL zurückgegriffen. getStereotype liefert
   -- den ersten Stereotyp mit dem angegebenen Namen.
   query getStereotype ( stName : String ) : Stereotype
   {
      Stereotype.allInstances()->
         select ( x : uml::Stereotype |
                     x.name = stName )->
                  asSequence()->first()
   }
```

```
      -- getStereotypes liefert eine Liste von allen
      -- Stereotypen mit dem angegebenen Namen.
      query getStereotypes ( stName : String ) :
           Sequence(Stereotype)
      {
         Stereotype.allInstances()->
            select ( x : uml::Stereotype |
                     x.name = stName )->
                  asSequence()
      }
   }
```

Damit haben wir nun alles zusammen, um in `UML2EJB` neben der Erzeugung von `SessionsBeans` die mit `<<persistent>>` markierten Klassen als `EntityBeans` zu generieren. Wie im vorigen Kapitel werden hierfür Pakete generiert, die den Namen der Quellklasse erhalten, diesmal mit dem Präfix '`EB_`'. Die Pakete enthalten die üblichen Klassen und Interfaces einer `EntityBean`-Komponente. Damit soll es dann auch gut sein; die detaillierten Inhalte der Bean-Klassen und der Schnittstellen werden nicht weiter behandelt.

```
   transformation UML2EJB ( source : uml, target : uml )
   {
      key Class      {name, owner};

      top relation Model
      {
         -- Modelle wie oben
         where
         {
            Packages   ( srcPkg, dstPkg );
            EBClasses  ( srcPkg, dstPkg );
         }
      }

      relation Packages
      {
         -- Packages wie oben
         where
         {
            Packages   ( srcPkg, dstPkg );
            EBClasses  ( srcPkg, dstPkg );
         }
      }

      -- EBClasses behandelt die als <<persistent>>
      -- markierten Klassen des Quellmodells
      relation EBClasses
      {
         className : String;
         st : Stereotype;
```

```
checkonly domain source srcP : Package
{
   packagedElement = srcCls : Class
   {
      name = className
   }
};

enforce   domain target dstP : Package
{
   packagedElement = beanPkg : Package
   {
      name = 'EB_' + className,

      packagedElement = dstCls : Class
      {
         name = className,
         visibility = VisibilityKind::private
      },

      packagedElement = dstCls : Class
      {
         name = className + 'PK',
         visibility = VisibilityKind::public
      },

      packagedElement = hIfc   : Interface
      {
         name = className + 'Home',
         visibility = VisibilityKind::public
      },

      packagedElement = rIfc   : Interface
      {
         name = className + 'Remote',
         visibility = VisibilityKind::public
      }
   }
};

when
{
   st  = getStereotype ( 'persistent' );
   srcCls.isStereotypeApplied(st);
}
```

```
            where
            {
               -- Attributes      ( srcCls, dstCls, rIfc  );
               -- Operations      ( dstCls );
               -- HIfcOperations  ( hIfc   );
               -- RIfcOperations  ( srcCls, rIfc );
            }
         }

         query getStereotype ( stName : String ) : Stereotype
         {
            Stereotype.allInstances()
            ->select (x : uml::Stereotype | x.name = stName)
              ->asSequence()
                ->first()
         }
      }
```

3.10 Schlussbemerkungen und Ausblick

Mit der QVT *Relations Language* steht eine interessante Sprache zur Transformation von Modellen zur Verfügung, die auf der Grundlage der OCL entwickelt worden ist. Die Sprache ist deskriptiv und erinnert ein wenig an die ebenfalls deskriptive relationale Datenbankanfragesprache SQL. Aus einer Menge von Elementen eines gegebenen Modells werden durch die Angabe von Regeln Teilmodelle selektiert, die über weitere Regeln in eine Menge von Zielelementen überführt werden. Die Modelle sind formale Modelle, sie basieren auf Metamodellen, mit denen die jeweilige Modellierungssprache beschrieben ist. Die so definierten Metamodelle der formalen Modellierungssprachen sind ebenfalls formal, so dass sie auch, gewissermaßen als Datentypen für die Modelle in den Transformationsprozessen herangezogen werden können.

Alle für einen werkzeuggestützten MDA-Entwicklungsprozess erforderlichen Konzepte, soweit sie in diesem Buch erwähnt worden sind, sind durch die OMG spezifiziert und standardisiert. Die *Relations Language*-Beispiele sind erarbeitet und getestet mit dem QVT-Werkzeug mediniQVT, ein unter *Eclipse Public License* [EPL] bereitgestelltes Produkt, welches die Sprache *Relations Language* zurzeit am vollständigsten abbildet. mediniQVT ist als *Rich Client Platform* oder *Plugin* eingebettet in die Eclipse-Entwicklungsplattform. Eine grafische Modellierungskomponente wird nicht angeboten, wobei allerdings eine Nutzung von anderen Eclipse-basierten Modellierungswerkzeugen möglich ist, zum Beispiel die freien UML *Modeling Tools* [MDT] oder Topcased [TOP].

Allerdings ist die Integration zwischen grafischer Modellierung und textbasierter Transformation im Sinne des eingangs vorgestellten iterierenden MDA-Entwicklungsprozesses nur sehr vage vorhanden. Modelle wie auch Metamodelle müssen für den Transformationsprozess in einer serialisierten Form vorliegen. Dazu ist es erforderlich, dass unter Verwendung des XML *Metadata Interchange*

Standards ein Export der grafisch repräsentierten Modelle erfolgt. Damit wird eine Modelltransformation durchgeführt und das Ergebnis der Transformation, wiederum ein Modell, muss in die grafische Modellierungsumgebung per Import zurückgebracht werden. Dabei gehen natürlich die grafischen Informationen, Lage und Anordnung der Elemente im Modelleditor, verloren. Ein integriertes MDA-Werkzeug sollte diesen Teil, Bereitstellung von Metamodellen und Serialisierung von Modellen, weitgehend transparent unterstützen. Die im Rahmen eines iterierenden MDA-Prozesses erzeugten Modelle sollten anschließend in einer deserialisierten grafischen Form wieder aufbereitet werden. Dies ist natürlich sehr schwierig, da die Modellierung im Wesentlichen eine mentale Leistung des Analytikers oder Architekten ist. Aber wenn dieses Ziel weitgehend erreicht ist, dann wird eine modellgetriebene Entwicklung über mehrere Entwicklungsstufen schlüssig und gangbar.

In der Palette der kommerziellen Werkzeuge gibt es zurzeit eine Vielzahl von Produkten, die sich MDA-Werkzeug nennen. Es sind jedoch nicht viele dabei, die sich konsequent an den Vorgaben der OMG orientieren. Das hat sicher pragmatische und marktstrategische Gründe. Zum einen verfolgen sie einen eigenen proprietären Weg der Modelltransformation. Der ist oft auch gangbar und gut, aber eben nicht Standard. Zum anderen gibt es eine Szene von interessanten Werkzeugen, die sich hauptsächlich mit der modellgetriebenen Codegenerierung befassen. Nach meiner Einschätzung werden mit dem Vorliegen der MDA-Standards in absehbarer Zeit verschiedene Hersteller, die bisher traditionell in der Nähe zur OMG standen, ihre Modellierungswerkzeuge in Richtung eines integrierten MDA-Werkzeugs weiterentwickeln. Und vielleicht kommen noch einige hinzu, die bisher wegen fehlender Standards in dem Bereich eigene Wege der Transformation gegangen sind.

A Die Syntax der Relational Language

Die formale Syntax der QVT *Relations Language* entstammt der Spezifikation MOF QVT V1.0 mit Stand vom April 2008 [MOF].

Reservierte Wörter

checkonly, **default_values**, **domain**, **enforce**, **extends**, **implementedby**, **import**, **key**, **overrides**, **primitive**, **query**, **relation**, **top**, **transformation**, **when**, **where**

Ableitungsregeln

```
<topLevel>           ::= [ import <identifier>
                               [.<identifier>]*; ]*
                         <transformation>*
<transformation>     ::= transformation <identifier>
                         ( <modelDecl> [, <modelDecl>]* )
                         [ extends <identifier> ]
                         { <keyDecl>* [ <relation> |
                           <query> ]+ }
<modelDecl>          ::= <modelId>: [<metaModelId> |
                                     { <metaModelId>
                                       [,<metaModelId>]* }]
<modelId>            ::= <identifier>
<metaModelId>        ::= <identifier>
<keyDecl>            ::= key <classId>
                         { <propertyId> [,<propertyId>]* };
<classId>            ::= <PathNameCS>
<propertyId>         ::= <identifier>
```

```
<relation>              ::= [top] relation <identifier>
                            [overrides <identifier>]
                            { <varDeclaration>*
                              [ <domain>          |
                                <primitiveTypeDomain> ]
                              [ <when-predicate>   ]
                              [ <where-predicate> ] }
<varDeclaration>        ::= <identifier> [,<identifier>]* :
                            <TypeCS>;
<domain>                ::= [checkonly | enforce] domain
                            <modelId> <template>
                            [ implementedby
                               <OperationCallExpCS> ]
                            [ default_values
                              { [<assignmentExp>]+ } ];
<primitiveTypeDomain>::= primitive domain <identifier> :
                            <TypeCS>;
<when-predicate>        ::= when  { [<OclExpressionCS> ;]* }
<where-predicate>       ::= where { [<OclExpressionCS> ;]* }
<template>              ::= [ <objectTemplate> |
                              <collectionTemplate> ]
                            [ { <OclExpressionCS> } ]
<objectTemplate>        ::= [<identifier>] : <pathNameCS>
                            { [<propertyTemplateList>] }
<propertyTemplateList>::= <propertyTemplate>
                            [, <propertyTemplate>]*
<propertyTemplate>      ::= <identifier> = <OclExpressionCS>
<collectionTemplate>    ::= [<identifier>] :
                               <CollectionTypeIdentifierCS>
                            ( <TypeCS> )
                            { [<memberSelection>] }
<memberSelection>       ::= [ <identifier>   | <template> | _ ]
                            [, [<identifier> | <template> | _ ]*
                            ++ [ <identifier> | _ ]
<assignmentExp>         ::= <identifier> = <OclExpressionCS>;
<query>                 ::= query <identifier>
                            ( [<paramDeclaration>
                               [, <paramDeclaration>]*] ) :
                            <TypeCS> [{ <OclExpressionCS> } |;]
<paramDeclaration>      ::= <identifier> : <TypeCS>
<TypeCS>                ::= <SimpleType> | <CollectionType>
<OclExpressionCS>       ::= <PropertyCallExpCS>    |
                            <VariableExpCS>        |
                            <LiteralExpCS>         |
                            <LetExpCS>             |
                            <IfExpCS>              |
                            ( <OclExpressionCS> ) |
                            <template>
```

B SimpleUML und SimpleRDBM

Die Verwendung der Metamodelle in Transformationen erfordert eine Ausprägung in serieller rechnerinterpretierbarer Form. In diesem Anhang wird eine Repräsentation der Metamodelle als QVT-Datenstruktur und in Form eines Ecore-XMI-Formates vorgestellt.

Deklaration der Metamodelle als QVT-Datentypen

Die *Inline*-Deklaration von Metamodellen ist nicht Bestandteil der *Relations Language*-Spezifikation. Die Entwickler von *Relations Language*-Systemen sind damit relativ frei in der Definition und Zuordnung der Metamodelle. Meistens werden die Metamodelle in einer EMOF oder EMOF-ähnlichen Form (z.B. Ecore) im Rahmen von *Relations Language*-Interpretern bereit gestellt. Die *Inline*-Metamodelle sind jedoch leichter zu lesen; aus dem Grund sollen sie dem kompletten Transformationsscript `Uml2Rdbm` vorangestellt werden.

```
metamodel SimpleUML
{
   abstract class UMLModelElement
   {
      kind : String;
      name : String;
   }

   class Package extends UMLModelElement
   {
      composes elements : PackageElement [*] ordered
               opposites namespace [1];
   }
```

```
    abstract class PackageElement extends UMLModelElement
    {}

    class Classifier extends PackageElement {}

    class Attribute  extends UMLModelElement
    {
       references type : Classifier [1];
    }

    class Class extends Classifier
    {
       composes attribute:Attribute [*] ordered
                opposites owner [1];
       references general:Classifier  [*] ordered;
    }

    class Association extends PackageElement
    {
       source      : Class [1] opposites reverse [*];
       destination : Class [1] opposites forward [*];
    }

    class PrimitiveDataType extends Classifier {}
}


metamodel SimpleRDBM
{
    abstract class RModelElement
    {
       kind : String;
       name : String;
    }

    class Schema extends RModelElement
    {
       composes tables : Table [*] ordered
                opposites schema [1];
    }

    class Table extends RModelElement
    {
       composes column     : Column     [*] ordered
                opposites owner[1];
       composes keys       : Key        [*] ordered
                opposites owner[1];
       composes foreignKey : ForeignKey [*] ordered
                opposites owner[1];
    }
```

```
        class Column extends RModelElement
        {
           type : String;
        }

        class Key extends RModelElement
        {
           references column : Column [*] ordered
                      opposites _key [*];
        }

        class ForeignKey extends RModelElement
        {
           references refersTo : Key [1];
           references column   : Column [*] ordered
                      opposites foreignKey [*];
        }
     }
```

Ecore-Repräsentation

Ecore ist ein De-facto-Standard, der durch die Eclipse Initiative und das *Eclipse Modeling Framework* (EMF)-Projekt begründet ist. Alle MDA-Werkzeuge, die wie das hier angeführte *OpenSource*-Werkzeug mediniQVT in die Eclipse-Plattform integriert sind, unterstützen das Ecore-Format für Metamodelle. Zur besseren Lesbarkeit sind die Namen des Metamodells, der Metaklassen und Metaattribute fett hervorgehoben.

<!-- SimpleUML -->

```
<?xml version = "1.0" encoding = "ISO-8859-1"?>
<ecore:EPackage xmi:version = "2.0"
   xmlns:xmi   = "http://www.omg.org/XMI"
   xmlns:xsi   = "http://www.w3.org/2001/XMLSchema-instance"
   xmlns:ecore = "http://www.eclipse.org/emf/2002/Ecore"
   name     = "SimpleUML"
   nsURI    = "urn:SimpleUML.ecore"
   nsPrefix = "SimpleUML">
  <eClassifiers xsi:type = "ecore:EClass"
      name  = "ModelElement">
    <eStructuralFeatures xsi:type = "ecore:EAttribute"
         name       = "name"
         lowerBound = "1"
         eType      = "ecore:EDataType
           http://www.eclipse.org/emf/2002/Ecore#//EString"/>
```

```
    <eStructuralFeatures xsi:type = "ecore:EAttribute"
         name        ="kind"
         lowerBound = "1"
         eType       = "ecore:EDataType
           http://www.eclipse.org/emf/2002/Ecore#//EString"/>
    <eStructuralFeatures xsi:type="ecore:EAttribute"
         name        = "id"
         eType       = "ecore:EDataType
           http://www.eclipse.org/emf/2002/Ecore#//EString"
         iD          = "true"/>
  </eClassifiers>
  <eClassifiers xsi:type = "ecore:EClass"
      name            = "PackageElement"
      eSuperTypes     = "#//ModelElement">
    <eStructuralFeatures xsi:type = "ecore:EReference"
         name        = "namespace"
         eType       = "#//Package"
         eOpposite   = "#//Package/ownedElement"/>
  </eClassifiers>
  <eClassifiers xsi:type = "ecore:EClass"
      name            = "Package"
      eSuperTypes     = "#//ModelElement">
    <eStructuralFeatures xsi:type = "ecore:EReference"
         name          = "ownedElement"
         upperBound    = "-1"
         eType         = "#//PackageElement"
         containment = "true"
         eOpposite     = "#//PackageElement/namespace"/>
  </eClassifiers>
  <eClassifiers xsi:type = "ecore:EClass"
      name              = "Classifier"
      eSuperTypes       = "#//PackageElement"/>
  <eClassifiers xsi:type = "ecore:EClass"
      name              = "Class"
      eSuperTypes       = "#//Classifier">
    <eStructuralFeatures xsi:type = "ecore:EReference"
         name          = "forward"
         upperBound    = "-1"
         eType         = "#//Association"
         eOpposite     = "#//Association/destination"/>
    <eStructuralFeatures xsi:type = "ecore:EReference"
         name          = "reverse"
         upperBound    = "-1"
         eType         = "#//Association"
         eOpposite     = "#//Association/source"/>
    <eStructuralFeatures xsi:type = "ecore:EReference"
         name          = "attribute"
         upperBound    = "-1"
         eType         = "#//Attribute"
         containment = "true"
         eOpposite     = "#//Attribute/owner"/>
```

```
    <eStructuralFeatures xsi:type = "ecore:EReference"
         name         = "general"
         upperBound   = "-1"
         eType        = "#//Class"
         eOpposite    = "#//Class/specific"/>
    <eStructuralFeatures xsi:type = "ecore:EReference"
         name         = "specific"
         upperBound   = "-1"
         eType        = "#//Class"
         eOpposite    = "#//Class/general"/>
  </eClassifiers>
  <eClassifiers xsi:type = "ecore:EClass"
       name             = "Attribute"
       eSuperTypes      = "#//ModelElement">
    <eStructuralFeatures xsi:type = "ecore:EReference"
         name         = "owner"
         eType        = "#//Class"
         eOpposite    = "#//Class/attribute"/>
    <eStructuralFeatures xsi:type = "ecore:EReference"
         name         = "type"
         eType        = "#//Classifier"/>
  </eClassifiers>
  <eClassifiers xsi:type = "ecore:EClass"
       name             = "Association"
       eSuperTypes      = "#//PackageElement">
    <eStructuralFeatures xsi:type = "ecore:EReference"
         name         = "destination"
         lowerBound   = "1"
         eType        = "#//Class"
         eOpposite    = "#//Class/forward"/>
    <eStructuralFeatures xsi:type = "ecore:EReference"
         name         = "source"
         lowerBound   = "1"
         eType        = "#//Class"
         eOpposite    = "#//Class/reverse"/>
  </eClassifiers>
  <eClassifiers xsi:type = "ecore:EClass"
       name             = "PrimitiveDataType"
       eSuperTypes      = "#//Classifier"/>
</ecore:EPackage>
```

<!-- SimpleRDBM -->

```
<?xml version = "1.0" encoding = "ISO-8859-1"?>
<ecore:EPackage xmi:version = "2.0"
    xmlns:xmi   = "http://www.omg.org/XMI"
    xmlns:xsi   = "http://www.w3.org/2001/XMLSchema-instance"
    xmlns:ecore = "http://www.eclipse.org/emf/2002/Ecore"
    name     = "SimpleRDBM"
```

```
    nsURI    = "urn:SimpleRDBM.ecore"
    nsPrefix = "SimpleRDBM">
  <eClassifiers xsi:type = "ecore:EClass"
      name             = "ModelElement">
    <eStructuralFeatures xsi:type = "ecore:EAttribute"
        name           = "name"
        lowerBound     = "1"
        eType="ecore:EDataType
           http://www.eclipse.org/emf/2002/Ecore#//EString"/>
    <eStructuralFeatures xsi:type = "ecore:EAttribute"
        name           = "kind"
        lowerBound     = "1"
        eType          = "ecore:EDataType
           http://www.eclipse.org/emf/2002/Ecore#//EString"/>
    <eStructuralFeatures xsi:type = "ecore:EAttribute"
        name           = "id"
        eType          = "ecore:EDataType
           http://www.eclipse.org/emf/2002/Ecore#//EString"
        iD             = "true"/>
  </eClassifiers>
  <eClassifiers xsi:type = "ecore:EClass"
      name             = "Schema"
      eSuperTypes      = "#//ModelElement">
    <eStructuralFeatures xsi:type = "ecore:EReference"
        name           = "table"
        upperBound     = "-1"
        eType          = "#//Table"
        containment    = "true"
        eOpposite      = "#//Table/schema"/>
  </eClassifiers>
  <eClassifiers xsi:type = "ecore:EClass"
      name             = "Table"
      eSuperTypes      = "#//ModelElement">
    <eStructuralFeatures xsi:type = "ecore:EReference"
        name           = "column"
        upperBound     = "-1"
        eType          = "#//Column"
        containment    = "true"
        eOpposite      = "#//Column/owner"/>
    <eStructuralFeatures xsi:type = "ecore:EReference"
        name           = "foreignKey"
        upperBound     = "-1"
        eType          = "#//ForeignKey"
        containment    = "true"
        eOpposite      = "#//ForeignKey/owner"/>
    <eStructuralFeatures xsi:type = "ecore:EReference"
        name           = "primaryKey"
        upperBound     = "-1"
        eType          = "#//PrimaryKey"
        containment    = "true"
        eOpposite      = "#//PrimaryKey/owner"/>
```

```
    <eStructuralFeatures xsi:type = "ecore:EReference"
        name          = "schema"
        lowerBound    = "1"
        eType         = "#//Schema"
        eOpposite     = "#//Schema/table"/>
</eClassifiers>
<eClassifiers xsi:type = "ecore:EClass"
      name          = "Column"
      eSuperTypes   = "#//ModelElement">
    <eStructuralFeatures xsi:type = "ecore:EAttribute"
        name          = "type"
        lowerBound    = "1"
        eType         = "ecore:EDataType
           http://www.eclipse.org/emf/2002/Ecore#//EString"/>
    <eStructuralFeatures xsi:type = "ecore:EReference"
        name          = "owner"
        lowerBound    = "1"
        eType         = "#//Table"
        eOpposite     = "#//Table/column"/>
    <eStructuralFeatures xsi:type = "ecore:EReference"
        name          = "primaryKey"
        upperBound    = "-1"
        eType         = "#//PrimaryKey"
        eOpposite     = "#//PrimaryKey/column"/>
    <eStructuralFeatures xsi:type = "ecore:EReference"
        name            = "foreignKey"
        upperBound      = "-1"
        eType           = "#//ForeignKey"
        eOpposite       = "#//ForeignKey/column"/>
</eClassifiers>
<eClassifiers xsi:type = "ecore:EClass"
      name              = "PrimaryKey"
      eSuperTypes       = "#//ModelElement">
    <eStructuralFeatures xsi:type = "ecore:EReference"
        name            = "column"
        upperBound      = "-1"
        eType           = "#//Column"
        eOpposite       = "#//Column/primaryKey"/>
    <eStructuralFeatures xsi:type = "ecore:EReference"
        name            = "refersToOpposite"
        upperBound      = "-1"
        eType           = "#//ForeignKey"
        eOpposite       = "#//ForeignKey/refersTo"/>
    <eStructuralFeatures xsi:type = "ecore:EReference"
        name            = "owner"
        lowerBound      = "1"
        eType           = "#//Table"
        eOpposite       = "#//Table/primaryKey"/>
</eClassifiers>
<eClassifiers xsi:type = "ecore:EClass"
      name              = "ForeignKey"
      eSuperTypes       = "#//ModelElement">
```

```
    <eStructuralFeatures xsi:type = "ecore:EReference"
        name          = "owner"
        lowerBound    = "1"
        eType         = "#//Table"
        eOpposite     = "#//Table/foreignKey"/>
    <eStructuralFeatures xsi:type = "ecore:EReference"
        name          = "refersTo"
        lowerBound    = "1"
        eType         = "#//PrimaryKey"
        eOpposite     = "#//PrimaryKey/refersToOpposite"/>
    <eStructuralFeatures xsi:type = "ecore:EReference"
        name          = "column"
        upperBound    = "-1"
        eType         = "#//Column"
        eOpposite     = "#//Column/foreignKey"/>
  </eClassifiers>
</ecore:EPackage>
```

Benutzung der Ecore-Metamodelle

Bei den Metamodellen im Ecore-Format wird davon ausgegangen, dass sich diese als Plugins in dem Eclipse-Kontext befinden [EMF, SUML].

```
modeltype UML  uses SimpleUml ("http:///SimpleUML.ecore");
modeltype RDBM uses SimpleRDBM("http:///SimpleRDBM.ecore");
```

C Relations Language-Beispiele

Dieser Anhang enthält die vollständigen Transformationsscripte der *Relations Language*-Beispiele `UmlToRdbm` und `UML2EJB`.

UmlToRdbm – Das vollständige *Relations Language*-Beispiel

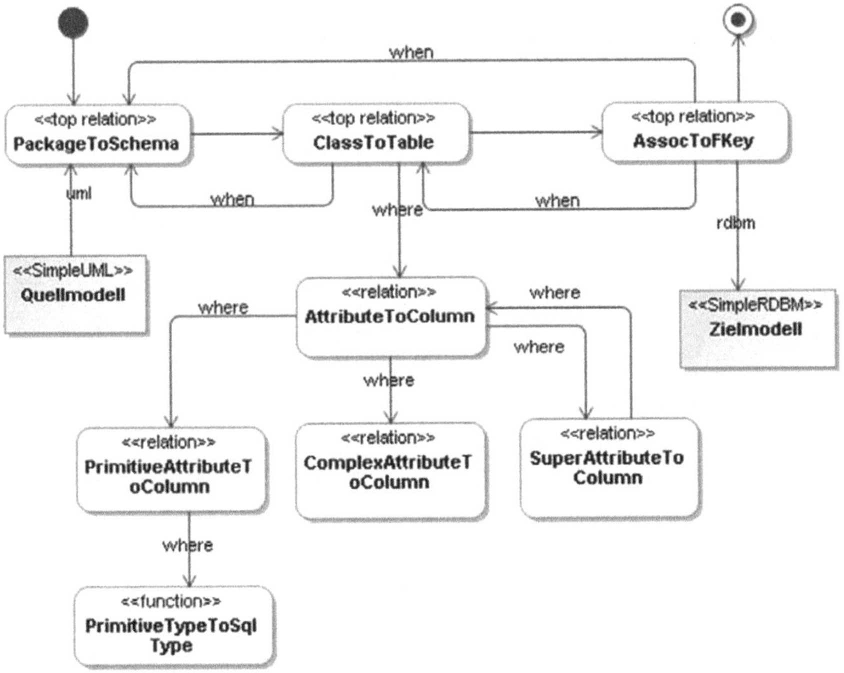

Abb. C.1: Überblick über das Transformationsscript `UmlToRdbm`

In diesem Kapitel wollen wir uns das komplette Beispiel `UmlToRdbm`, welches wir bisher kontextbezogen in Ausschnitten herangezogen haben, im Zusammenhang anschauen. Abbildung C.1 zeigt das Transformationsscript in einer Übersicht der Relationen und Funktionen. Es handelt sich dabei mit geringen Modifikationen um das Originalbeispiel der Spezifikation.

```
/*
 Transformation eines SimpleUML-Modells in ein SimpleRDBM-
 Modell. Alle Attribute der Class werden als Column der
 Tabelle übernommen. Zudem wird ein numerisches ID-Column
 generiert und ein PrimaryKey. Es gibt nur einfache binäre
 Beziehungstypen, die in Form eines ForeignKeys aufgelöst
 werden können. Die Transformation UmlToRdbms besteht aus
 den top-level Relationen PackageToSchema, ClassToTable,
 AssocToFkey, und aus den non-top-level Relationen Attribute-
 ToColumn, SuperAttributeToColumn, ComplexAttributeToColumn,
 PrimitiveAttributeToColumn. Jede Relation besitzt zwei
 Domänen, die jeweils das Quellmodell - domain uml - oder
 das Zielmodell - domain rdbms - repräsentiert. Das domain
 pattern für das Quellmodell hat stets das Merkmal checkonly;
 das domain pattern für das Zielmodell hat das Merkmal
 enforce.
*/
transformation UmlToRdbm ( uml   : SimpleUML,
                           rdbms : SimpleRDBM )
{
   -- Tables, Columns und Keys werden generiert;
   -- Duplikate sollen nicht erlaubt sein.
   key Table  ( name, schema );
   key Column ( name, owner  );
   key Key    ( name, owner  );

   /* top PackageToSchema
    Jedes Package wird auf ein Schema gemappt; zu dem uml
    Modell wird, sofern dies nicht bereits existiert, ein
    rdbms Modell generiert, welches je Package ein Schema
    enthält; der Name des Schemas ist der Name des Packages.
    Die PackageToSchema-Bedingung wird mit jeder Ausführung
    von ClassToTable durch Angabe einer when-Condition
    explizit geprüft.
   */
   top relation PackageToSchema
   {
      -- gemeinsame Variable für das Mapping der
      -- Packages
      pn : String;

      checkonly domain uml   p : Package { name = pn };
      enforce   domain rdbms s : Schema  { name = pn };
   }
```

```
/* top ClassToTable
 ClassToTable generiert auf der Basis von Klassen in einem
 Package Tabellen eines relationalen Datenbankschemas. Das
 Schema wird durch Aufruf von PackageToSchema geprüft und
 notfalls hergestellt. Bei der Ermittlung des Quellmodells
 wird eine Eingrenzung auf die Klassen vorgenommen, die
 als persistent gekennzeichnet sind.
 Die Attribute der Tabelle werden durch Aufruf von
 AttributeToColumn generiert. Zudem erfolgt in der domain
 rdbms, die sich auf das Zielmodell bezieht, eine Gene-
 rierung weiterer Objekte; object creation eines zusätz-
 lichen numerischen Attributes und des PrimaryKeys.
*/
top relation ClassToTable
{
   --Variablen für das Mapping der Classes
   cn     : String;
   prefix : String;

   checkonly domain uml c:Class
   {
      namespace = p : Package {},
      kind      = 'persistent',
      name      = cn
   };

   enforce domain rdbms t:Table
   {
      schema = s : Schema {},
      name   = cn,

      -- Erzeugung des zusätzlichen numerischen
      -- Columns
      column  = cl:Column
      {
         name = cn + '_tid',
         type = 'NUMBER'
      },

      -- Erzeugung des PrimaryKeys
      key = k:Key { name = cn + '_pk', column = cl }
   };

   when  { PackageToSchema ( p, s ); }

   where
   {
      prefix = '';
      AttributeToColumn ( c, t, prefix );
   }
}
```

```
/* top AssocToFkey
 Die top-level Relation AssocToFkey behandelt binären
 Assoziationen  zwischen Klassen. Voraussetzung dafür
 ist, dass es sich um persistente Klassen handelt und
 dass die Relationen PackageToSchema und ClassToTable
 bereits ausgeführt worden sind. Die binäre Assoziation
 wird dadurch aufgelöst, dass der PrimaryKey der Source-
 Table als ForeignKey in die assoziierte DestinationTable
 übernommen wird.
*/
top relation AssocToFKey
{
   srcTbl  : Table;  -- source table
   destTbl : Table;  -- destination table
   pKey    : Key;    -- primary key
   an, scn, dcn, fkn, fcn: String; -- freie Variablen

   checkonly domain uml a:Association
   {
      namespace   = p : Package {},
      name        = an,
      source      = sc : Class
                    {
                       kind = 'persistent',
                       name = scn
                    },
      destination = dc : Class
                    {
                       kind = 'persistent',
                       name = dcn
                    }
   };

   enforce domain rdbms fk:ForeignKey
   {
      schema   = s : Schema {},
      name     = fkn,
      owner    = srcTbl,
      column   = fc : Column
                 {
                    name  = fcn,
                    type  = 'NUMBER',
                    owner = srcTbl
                 },
      refersTo = pKey
   };

   when
   {
      PackageToSchema (p, s);
      ClassToTable    (sc, srcTbl);
      ClassToTable    (dc, destTbl);
```

```
      pKey = destTbl.key;
   }

   where
   {
      fkn = scn + '_' + an + '_' + dcn;
      fcn = fkn + '_tid';
   }
}

/* AttributeToColumn
 AttributeToColumn ist eine non-top-level Relation,
 die in ClassToTable für jedes Attribut der betrof-
 fenen Klasse aufgerufen wird. AttributeToColumn kann
 letztendlich nur auf primitive Datentypen von
 Klassen angewendet werden. Solange dies nicht der
 Fall ist, solange es sich als um komplexe Attribut-
 typen handelt, wird sukzessive durch rekursiven Auf-
 ruf das primitive Attribut ermittelt und durch Auf-
 ruf von PrimitiveTypeToSqlType umgesetzt.
*/
relation AttributeToColumn
{
   checkonly domain uml   c:Class {};
   enforce   domain rdbms t:Table {};
   primitive domain prefix:String;
   where
   {
      PrimitiveAttributeToColumn (c, t, prefix);
      ComplexAttributeToColumn   (c, t, prefix);
      SuperAttributeToColumn     (c, t, prefix);
   }
}

/* SuperAttributeToColumn */
relation SuperAttributeToColumn
{
   checkonly domain uml   c:Class
   {
      general=sc:Class {}
   };
   enforce   domain rdbms t:Table {};
   primitive domain prefix:String;
   where { AttributeToColumn ( sc, t, prefix ); }
}

/* ComplexAttributeToColumn  */
relation ComplexAttributeToColumn
{
   an        : String;
   newPrefix : String;
```

```
        checkonly domain uml c:Class
        {
           attribute = a : Attribute
                       {
                          name = an,
                          type = tc:Class {}
                       }
        };

        enforce   domain rdbms t:Table {};
        primitive domain prefix:String;

        where
        {
           newPrefix = prefix + '_' + an;
           AttributeToColumn ( tc, t, newPrefix );
        }
     }

     /* PrimitiveAttributeToColumn */
     relation PrimitiveAttributeToColumn
     {
        an:      String;
        pn:      String;
        cn:      String;
        sqltype: String;

        checkonly domain uml c:Class
        {
           attribute = a:Attribute
           {
              name = an,
              type = p:PrimitiveDataType { name = pn }
           }
        };

        enforce domain rdbms t:Table
        {
           column = cl:Column { name=cn, type=sqltype}
        };

        primitive domain prefix:String;

        where
        {
           cn = if ( prefix = '' )
                then an
                else prefix + '_' + an
                endif;
           sqltype = PrimitiveTypeToSqlType(pn);
        }
     }
```

```
    /* PrimitiveTypeToSqlType
     Es gibt eine query PrimitiveTypeToSqlType, die von
     PrimitiveAttributeToColumn benutzt wird. Die Funktion
     übernimmt lediglich Konvertierung der UML-Attribute,
     Typen in SQL-Datentypen, ohne eine Konsistenzprüfung
     vorzunehmen.
    */
    query PrimitiveTypeToSqlType ( primitiveTpe:String )
                                 : String
    {
       if (primitiveType = 'INTEGER')
       then 'NUMBER'
       else if (primitiveType = 'DOUBLE')
       then 'DOUBLE PRECISION'
       else if (primitiveType = 'BOOLEAN')
       then 'BOOLEAN'
       else 'VARCHAR'
       endif endif endif;
    }
}
```

UML2EJB – Das vollständige *Relations Language*-Beispiel

`UML2EJB` ist das Beispiel-Script, mit dem auf der Basis von UML2-Modellen ein plattformunabhängiges Fachklassendiagramm in ein plattformspezifisches EJB-Klassendiagramm umgewandelt wird, unter der Annahme, dass als Zielplattform eine J2EE-Systemarchitektur vorliegt. Abbildung C.2 und C.3 zeigen die Modelltransformation im Überblick.

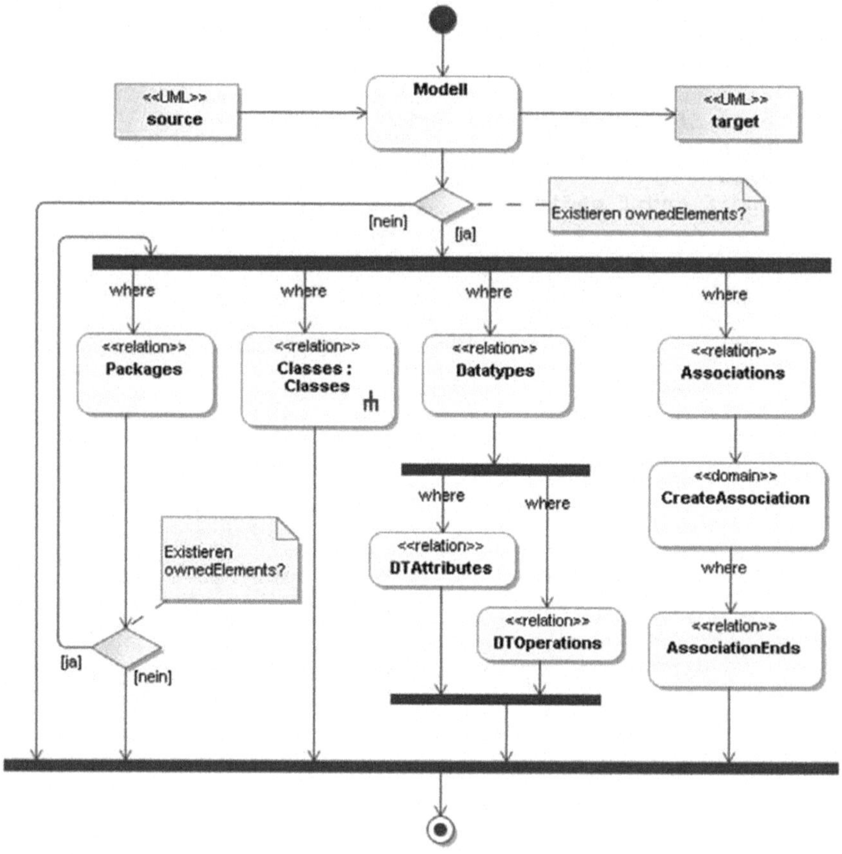

Abb. C.2: Das Transformationsscript UML2EJB im Überblick

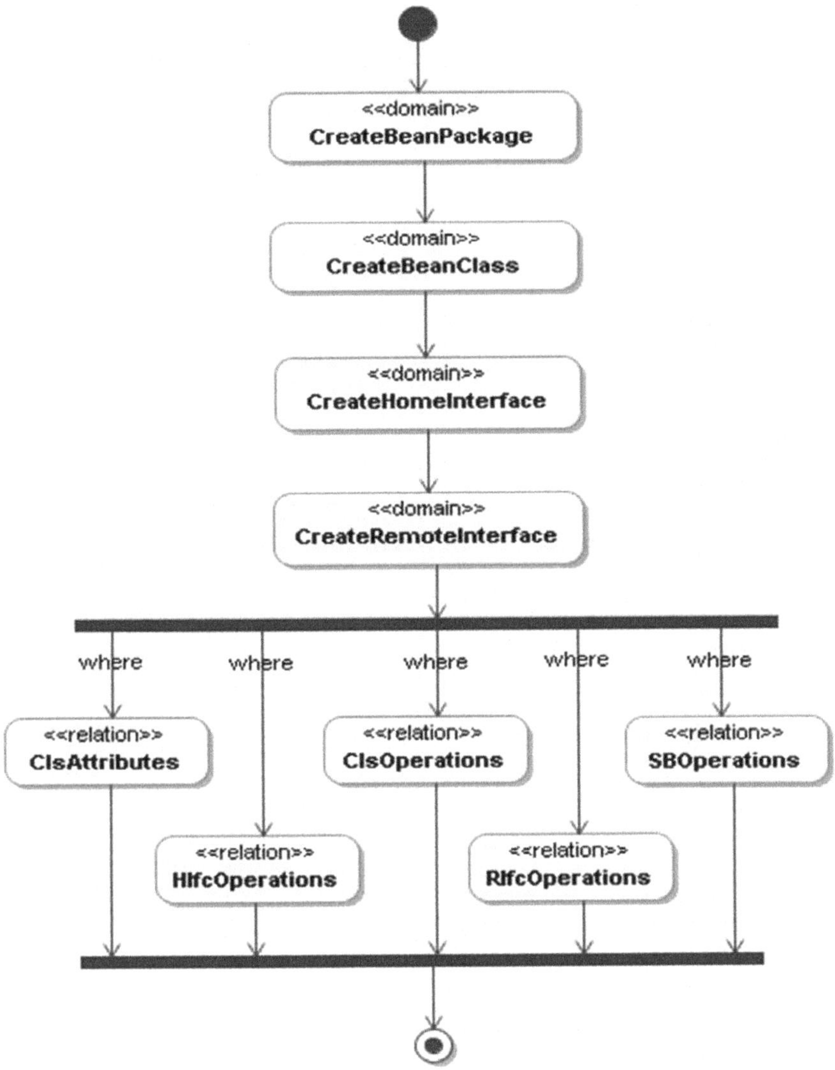

Abb. C.3: Detailstruktur der Relation Classes

```
/*
 Transformation eines UML-Klassendiagramms der PIM-Ebene in
 ein EJB-Modell der PSM-Ebene. Das EJB-Modell wird ebenfalls
 als UML-Klassendiagramm dargestellt.
 */
transformation UML2EJB ( source : uml, target : uml )
{
   /*
    Modelle dienen als Einstiegspunkte in die Transformation,
    deshalb top-level. Modelle können andere Elemente ent-
    halten, die über Relation-Calls in der where-Clause
    behandelt werden. Interfaces sollen zunächst ausge-
    schlossen werden, da in dieser Phase der Modellierung
    (PIM) die Existenz der Geschäftsklassen und die Bezie-
    hungen untereinander ausreichen soll.
   */
   top relation Model
   {
      modelName : String;

      checkonly domain source srcModel : Model
      {
         name = modelName
      };

      enforce   domain target dstModel : Model
      {
         name = modelName
      };

      where
      {
         Packages     ( srcModel, dstModel );
         Classes      ( srcModel, dstModel );
         Datatypes    ( srcModel, dstModel );
         Associations ( srcModel, dstModel );
      }
   }

   /*
    Transformation von UML-Packages nach EJB-Packages.
    Packages bleiben, wie sie sind. Sie können andere
    Elemente enthalten, die über Relation-Calls in der
    where-Clause behandelt werden.
   */
   relation Packages
   {
      packageName : String;
      checkonly domain source srcP : Package
      {
         packagedElement = srcPkg  : Package
         {
```

```
            name = packageName
         }
      };

      enforce   domain target dstP : Package
      {
         packagedElement = dstPkg  : Package
         {
            name = packageName
         }
      };

      where
      {
         Packages     ( srcPkg, dstPkg );
         Classes      ( srcPkg, dstPkg );
         Datatypes    ( srcPkg, dstPkg );
         Associations ( srcPkg, dstPkg );
      }
   }

   /*
    DataTypes werden übernommen, wie sie sind. Sie können
    Attribute und Operationen enthalten.
    */
   relation Datatypes
   {
      datatypeName : String;

      checkonly domain source srcP : Package
      {
         packagedElement = srcDt   : DataType
         {
            name = datatypeName
         }
      };

      enforce   domain target dstP : Package
      {
         packagedElement = dstDt   : DataType
         {
            name = datatypeName
         }
      };

      where
      {
         DTAttributes ( srcDt, dstDt );
         DTOperations ( srcDt, dstDt );
      }
   }
```

```
relation DTAttributes
{
   atName : String;
   atType : DataType;

   checkonly domain source srcDt : DataType
   {
      ownedAttribute = srcProp   : Property
      {
         name = atName,
         type = atType
      }
   };
   enforce   domain target dstDt : DataType
   {
      ownedAttribute = dstProp   : Property
      {
         name = atName,
         type = atType
      }
   };
}

relation DTOperations
{
   oName : String;

   checkonly domain source srcDt : DataType
   {
      ownedOperation = srcOp : Operation
      {
         name = oName
      }
   };

   enforce   domain target srcDt : DataType
   {
      ownedOperation = dstOp : Operation
      {
         name = oName
      }
   };
}

/*
 UML-Classes werden komplexer behandelt. Per inline-
 Objekterzeugung wird je UML-Klasse ein Package erzeugt,
 darin sollen die Bean-Klasse und die Interfaces angelegt
 werden. Die Attribute und Operationen der Bean-Klasse wie
 auch die der Angebote Interfaces werden durch expliziten
 Relation-Call generiert.
*/
```

```
relation Classes
{
   className : String;
   checkonly domain source srcP : Package
   {
      packagedElement = srcCls : Class
      {
         name = className
      }
   };

   enforce  domain target dstP : Package
   {
      -- inline-Erzeugung des Bean-Packages
      packagedElement = beanPkg : Package
      {
         -- Generieren der neuen SessionBean-Klasse
         -- mit ihrem generellen getter und setter.
         name = 'SB_' + className,

         packagedElement = dstCls : Class
         {
            name           = className,
            visibility     = VisibilityKind::private,
            ownedOperation = setCls : Operation
            {
               name = 'set' + name
            },
            ownedOperation = getCls : Operation
            {
               name = 'get' + name
            }
         },

         -- Generieren des Home-Interfaces.
         packagedElement = hIfc   : Interface
         {
            name           = className + 'Home',
            visibility     = VisibilityKind::public,
            ownedOperation = create : Operation
            {
               name = 'create'
            }
         },

         -- Generieren des Remote-Interfaces, in dem
         -- die Business-Methoden angeboten werden.
         packagedElement = rIfc   : Interface
         {
           Name           = className + 'Remote',
           visibility     = VisibilityKind::public,
```

```
                ownedOperation = setBO : Operation
                {
                    name = 'set' + className
                },

                ownedOperation = getBO : Operation
                {
                    name = 'get' + className
                }
            }
        }
    };

    where
    {
        -- Operationen der SessionBean
        SBOperations   ( dstCls );
        -- Operationen im HomeInterface
        HIfcOperations ( hIfc   );
        -- Operationen im RemoteInterface
        RIfcOperations ( srcCls, rIfc );
        ClsAttributes  ( srcCls, dstCls, rIfc );
        ClsOperations  ( srcCls, dstCls );
    }
}

-- Übernahme der Attribute der Klasse und Generierung
-- der getter und setter
relation ClsAttributes
{
    attrName: String;         -- Name des Attributes
    attrType: DataType;       -- Datentyp des Attributes

    checkonly domain source srcCls : Class
    {
        ownedAttribute = srcProp : Property
        {
            name = attrName,
            type = attrType
        }
    };

    enforce   domain target dsCls : Class
    {
        ownedAttribute = dstProp : Property
        {
            name       = attrName,
            type       = attrType,
            visibility = VisibilityKind::private
        },
```

```
      ownedOperation = getprop : Operation
      {
         name        = 'get' + attrName,
         type        = attrType,
         visibility = VisibilityKind::public
      },
      ownedOperation = setprop : Operation
      {
         name = 'set' + attrName,
         visibility = VisibilityKind::public,
         ownedParameter = par : Parameter
         {
            direction= uml::ParameterDirectionKind::inout,
            name      = 'p_' + attrName,
            type      = attrType
         }
      }
   };

   -- Die getter und setter sollen unmittelbar im remote
   -- interface  als Business-Methoden publiziert werden
   enforce   domain target dstRIfc : Interface
   {
      ownedOperation = getprop : Operation
      {
         name        = 'get' + attrName,
         type        = attrType,
         visibility = VisibilityKind::public
      },

      ownedOperation = setprop : Operation
      {
         Name            = 'set' + attrName,
         visibility      = VisibilityKind::public,
         ownedParameter = par : Parameter
         {
            direction = ParameterDirectionKind::inout,
            name      = 'p_' + attrName,
            type      = attrType
         }
      }
   };
}

relation ClsOperations
{
   opName   : String;
   opType   : DataType;
   opVisibility : VisibilityKind;
   parName : String;
   parType : DataType;
   parDirection : ParameterDirectionKind;
```

```
    checkonly domain source srcCls : Class
    {
       ownedOperation = srcOp : Operation
       {
          name = opName,
          type = opType,
          visibility     = opVisibility,

          ownedParameter = srcOpPar : Parameter
          {
             direction = parDirection,
             name      = parName,
             type      = parType
          }
       }
    };

    enforce   domain target dstCls : Class
    {
       ownedOperation = dstOp : Operation
       {
          name = opName,
          type = opType,
          visibility     = opVisibility,

          ownedParameter = dstOpPar : Parameter
          {
             direction = parDirection,
             name      = parName,
             type      = parType
          }
       }
    };
}

-- Ezeugung der EJB-Methoden
relation SBOperations
{
    enforce   domain target oc : Class
    {
       ownedOperation = setSessionContext : Operation
       {
          name = 'setSessionContext'
       },
       ownedOperation = ejbCreate         : Operation
       {
          name = 'ejbCreate'
       },
       ownedOperation = ejbPostCreate     : Operation
       {
          name = 'ejbPostCreate'
       },
```

```
        ownedOperation = ejbActivate        : Operation
        {
           name = 'ejbActivate'
        },
        ownedOperation = ejbPassivate       : Operation
        {
           name = 'ejbPassivate'
        },
        ownedOperation = ejbRemove          : Operation
        {
           name = 'ejbRemove'
        }
     };
}

-- Ezeugung der im Interface angebotenen EJB-Methoden
relation HIfcOperations
{
   enforce  domain target ifc : Interface
   {
      ownedOperation = create : Operation
      {
         name = 'create'
      },

      ownedOperation = remove : Operation
      {
         name = 'remove'
      },

      ownedOperation = getEJBMetaData : Operation
      {
         name = 'getEJBMetaData'
      },

      ownedOperation = getHomeHandle  : Operation
      {
         name = 'getHomeHandle'
      }
   };
}

/*
 Deklaration der Businessmethoden mit ihren Signaturen
 im Remote Interface. Dies könnte inline bei der
 Transformation der Operationen vorgenommen werden.
 Bei der Erzeugung des Remote Interfaces sollen
 allerdings nur die Operationen berücksichtigt werden,
 die im Original public sind. Die Aufbereitung in der
 checkonly domain ist also etwas differenzierter.
*/
```

```
relation RIfcOperations
{

   opName    : String;       -- Name der Operation
   opType    : DataType;     -- Datentyp der Operation
   -- Name eines Parameter der Operation
   paramName : String;
   -- Datentyp eines Parameter der Operation
   paramType : DataType;
   -- Parameterart
   paramDir  : ParameterDirectionKind;

   checkonly domain source srcCls : Class
   {
      ownedOperation = srcOp : Operation
      {
         name = opName,
         type = opType,

         -- Dass die Sichtbarkeit public ist, ist hier
         -- eine Vorbedingung.
         visibility     = VisibilityKind::public,
         ownedParameter = srcOpPar : Parameter
         {
            name      = paramName,
            type      = paramType,
            direction = paramDir
         }
      }
   };

   enforce   domain target dstRIfc : Interface
   {
      ownedOperation = dstOp : Operation
      {
         name       = opName,
         type       = opType,
         visibility = VisibilityKind::public,
         ownedParameter = dstOpPar : Parameter
         {
            name      = paramName,
            type      = paramType,
            direction = paramDir
         }
      }
   };
}

-- Assoziationen werden übernommen, wie sie sind, mit
-- ihrem Namen und den Eigenschaften der Assoziations-
-- enden
```

```
   relation Associations
   {
      associationName : String;

      checkonly domain source src : uml::Package
      {
         packagedElement = srcAss : uml::Association
         {
            name = associationName
         }
      };

      enforce  domain target dst : uml::Package
      {
         packagedElement = dstAss : uml::Association
         {
            name = associationName
         }
      };

      where {AssociationEnds(srcAss, dstAss);}
   }

   relation AssociationEnds
   {
      assoEndName : String;
      assocEndType : DataType;

      checkonly domain source srcAssoc : Association
      {
         ownedEnd = srcProp : Property
         {
            name = assocEndName,
            type = assocEndType
            -- upperValue =  : ValueSpecification {}
            -- lowerValue =  : ValueSpecification {}
         }
      };

      enforce  domain target dstAssoc : Association
      {
         ownedEnd = dstProp : Property
         {
            name = assocEndName,
            type = assocEndType
            -- upperValue =  : ValueSpecification {}
            -- lowerValue =  : ValueSpecification {}
         }
      };
   }
}
```

D Die wichtigsten OCL-Standardfunktionen

Im Folgenden werden die OCL-Standardfunktionen vorgestellt, die sich auf Sammlungstypen (**Collections**) beziehen. Eine vollständige Referenz der OCL-Standardfunktionen befindet sich in der OCL-Spezifikation.

Es gibt folgende Sammlungstypen:

Collection eine beliebige Menge von Elementen; **Collection** ist der Oberbegriff für die folgenden Mengentypen

Set eine ungeordnete Menge von Elementen ohne Duplikate

OrderedSet eine geordnete Menge von Elementen ohne Duplikate

Bag eine ungeordnete Menge von Elementen, in der Duplikate erlaubt sind

Sequence eine geordnete Menge von Elementen, in der Duplikate erlaubt sind

OCL-Standardfunktionen auf Sammlungen

allInstances() : **Set** (Type)

liefert alle Instanzen einer Klasse; **allInstances** ist nur auf Klassen anwendbar, in allen anderen Fällen liefert sie **oclVoid**.

asBag() : **Bag** (Type)

eine Menge wird zu einem **Bag** konvertiert.

asOrderedSet() : **OrderedSet** (Type)

eine Menge wird zu einem **OrderedSet** konvertiert.

asSequence() : **Sequence** (Type)

eine Menge wird zu einer **Sequence** konvertiert.

asSet() : **Set** (Type)

eine Menge wird zu einem **Set** konvertiert.

count (obj : Type) : Integer

die Anzahl des Vorkommens von obj in einer **Collection**.

excludes (obj : Type) : Boolean

true, falls obj kein Element der **Collection** ist, sonst **false**.

excludesAll(coll) : Boolean

true, falls die untersuchte **Collection** (**self**) keines der Elemente der gegebenen **Collection** coll enthält, sonst **false**.

excluding (obj : Type) : **Set** (Type)

die neue Menge enthält alle Elemente von **self** ohne obj; diese Methode ist auch auf **Bag** und **Sequence** definiert.

flatten() : **Set** (Type)

alle Elemente aller Sub-Collectionen werden insgesamt zu einem **Set** zusammengestellt; wenn eine **Collection** aus Elementen besteht, die wiederum **Collections** sind, dann werden diese Elemente der Zielmenge hinzugefügt; diese Methode ist auch auf **Bag** und **Sequence** definiert.

includes (obj : type) : Boolean

true, falls obj ein Element der **Collection** ist, sonst **false**.

includesAll (coll : **Collection** (Type)) : Boolean

true, falls die untersuchte **Collection** (**self**) alle Elemente der gegebenen **Collection** coll enthält, sonst **false**.

including (obj : Type) : **Set** (Type)

die neue Menge enthält alle Elemente von **self** zuzüglich obj; diese Methode ist auch auf **Bag** und **Sequence** definiert.

intersection (set : **Set**(Type)) : **Set**

das Ergebnis ist die Schnittmenge der Mengen **self** und **set**; **intersection** ist ebenfalls definiert auf **Bag**.

isEmpty() : Boolean

true, falls die untersuchte **Collection** (**self**) leer ist, sonst **false**.

notEmpty() : Boolean

true, falls die untersuchte **Collection** (**self**) nicht leer ist, sonst **false**.

oclAsType (Type) : Type

lieferte das Objekt **self** als einen neuen Typ; **oclAsType** ist eine Methode zum Anpassen von OCL Typen (*type casting*) von Objekt .

oclIsKindOf (Type) : Boolean

true, falls das Objekt self konform zu dem angegebenen Type ist, d.h. der Type ist entweder gleich dem angegebenen Type oder gleich dem *Supertype*.

oclIsTypeOf (Type) : Boolean

true, falls das Objekt **self** von dem angegebenen Type ist.

size() : Integer

die Anzahl der Elemente in einer **Collection**.

sum() : Type

die Addition aller Elemente in der **Collection**; auf die Elemente der **Collection** muss der „+" Operator definiert sein.

union (set : **Set**(Type)) : **Set**

das Ergebnis ist die Vereinigung der Mengen **self** und **set**; **union** ist ebenfalls definiert auf Bag.

OCL-Iterator-Funktionen

Die *Iterator*-Funktionen oder auch *Loop*-Funktionen sind Funktionen, die auf Mengen (**Collections**) operieren, indem sie über alle Elemente der Menge iterieren und auf jedes Element einen definierten Ausdruck anwenden. Der Ausdruck ist eine beliebige OCL *Expression*, also ggf. auch eine Funktion, die als Argument übergeben wird. Das Ergebnis ist eine neue Menge von demselben Typ mit den durch die Iteration modifizierten Elementen.

self->**iterate** (iterator ; expr) : Collection-Type

self repräsentiert die Sammlung, auf der die *Iterator*-Funktion angewendet wird. **iterate** ist der Name der Funktion.

Als Argument wird ein optionaler `iterator` angegeben, gefolgt von dem Ausdruck `expr`, der auf die Elemente der Menge angewendet werden soll. Wenn ein `iterator` angegeben ist, dann kann dieser in dem Ausdruck verwendet werden. Der Typ des `iterator` ist stets gleich dem Typ der Elemente von **`self`**. Die Ergebnismenge ist ebenfalls vom gleichen Typ wie die durch **`self`** repräsentierte Menge.

`any` `(expr) : Type`

liefert ein beliebiges Element, für das `expr` **`true`** ergibt; `expr` ist in diesem Fall ein Bool'scher Ausdruck; **`any`** liefert höchstens ein Element.

`collect` `(expr) :` **`Collection`** `(Type)`

iteriert über eine Sammlung von Elementen, wendet den Ausdruck `expr` auf jedes Element an und liefert eine Menge von somit modifizierten Elementen. **`collect`** ist die Methode zum Anpassen von Metamodelldatentypen. **`collect`** bewirkt implizit ein **`flatten`**. Die sehr häufig angewandte Funktion **`collect`** kann mit der Punkt-Notation als *Shorthand* vereinfacht werden:

```
self->collect ( expr )
self.expr
```

`collectNested` `(expr) :` **`Collection`** `(Type)`

liefert die Menge aller Elemente einer vorgegebenen Menge, die `expr` erfüllen.

`exists` `( expr ) : Boolean`

`expr` ist ein Ausdruck, der auf alle Elemente der **`Collection`** angewandt wird; wenn dieser für mindestens ein Element **`true`** ergibt, dann ergibt diese Funktion insgesamt **`true`**.

`forAll` `( expr ) : Boolean`

`expr` wird auf alle Elemente der **`Collection`** angewandt; wenn das Ergebnis in allen Fällen **`true`** ergibt, dann liefert diese Funktion insgesamt **`true`**.

`isUnique` `( expr ) : Boolean`

`isUnique` prüft, ob für alle Elemente der **`Collection`** der Wert der `expr` eindeutig ist.

`one` `( expr ) : Boolean`

ergibt **`true`**, falls es genau ein Element einer vorgegebenen Menge gibt, welches `expr` erfüllt.

reject (`expr`) : **Collection** (`Type`)

liefert die Teilmenge einer vorgegebenen Menge, deren Elemente angewandt auf `expr` **false** ergeben; `expr` ist in diesem Fall ein Bool'scher Ausdruck, im Gegensatz zu **collect** werden die Zielelemente nicht verändert.

select (`expr`) : **Collection** (`Type`)

liefert die Teilmenge einer vorgegebenen Menge, deren Elemente angewandt auf `expr` **true** ergeben; `expr` ist in diesem Fall ein Bool'scher Ausdruck, im Gegensatz zu **collect** werden die Zielelemente nicht verändert.

sortedBy (`expr`) : **Collection** (`Type`)

liefert ein **OrderedSet** von Elementen auf der Basis einer vorgegebenen Menge.

Glossar

Zusammenfassung und Definition der wesentlichen Fachbegriffe der Spezifikation. Reservierte Wörter der *Relations Language* sind wie gehabt in fetter Schrift hervorgehoben.

Abstraktion	Abstraktion beschreibt den Prozess, um mittels Modellierung von einer Realität zur DV-Lösung zu kommen.
Bean, SessionB., EntityB., MessageDrivenB.	*Bean* oder auch *Entity Java Bean* (EJB) ist die Spezifikation eines Java-Komponentenkonzeptes. Eine *Bean* ist eine standardisierte Java-Komponente, die einen bestimmten Aspekt einer Anwendung implementiert. *Beans* sind Komponenten, die ihre öffentlichen Bestandteile in *getter*- und *setter*-Methoden anbieten. Das *Bean* Konzept resultiert zum einen aus dem Aspekt der Komponente, also der Implementierung von klar abgegrenzten und wiederverwendbaren Systembestandteilen, zum anderen impliziert der EJB-Ansatz eine Entwicklungs- und Betriebsarchitektur, die sich über verschiedene Ebenen (*Tiers*) erstreckt, zum Beispiel eine Präsentationsebene, eine operationale Ebene und eine Datenhaltungsebene. In der operationalen Ebene finden wir die *SessionBeans*, Komponenten, die die Implementierung der operativen Funktionen zum Inhalt haben, und die *EntityBeans*, die im Wesentlichen als Schnittstelle zu einer physikalischen Datenbank dienen. Den asynchronen Nachrichtenaustausch zwischen den verschiedenen Ebenen übernehmen *MessageDrivenBeans*.
constraint	*constraints* sind allgemein Bedingungen. *Relations Language* basiert auf der OCL; alle Anweisungen beschreiben *constraints*, die sich in irgendeiner Weise auf

korrekte Modelle oder Modellausschnitte beziehen. Konkret handelt es sich hierbei um die Anweisungen in **`when`**- und **`where`**-Klauseln, in den Domänenmustern wie auch die Anweisung in einer **`query`**.

default value assignment — In *bidirectionalen* Relationen ist es manchmal nicht möglich, automatisch die Werte von Variablen zu bestimmen. In dem Fall können die Variablen mit *default value assignments* vorbelegt werden. *default value assigments* werden dadurch gekennzeichnet, dass dem Domänenmusterausdruck das Schlüsselwort **`default_values`** vorangestellt wird.

Deployment — Das Veröffentlichen und Inbetriebnehmen von SW-Komponenten. Hier: Inbetriebnahme von Plugins in einem Eclipse Kontext.

Domäne — Domäne bezeichnet im Allgemeinen eine fachliche Betrachtungseinheit der realen Welt. Diese kann sowohl eine betriebliche Domäne wie auch eine spezielle Organisationseinheit in einem IT-Dienstleistungsprozess sein. Dieser Domänenbegriff hat nichts zu tun mit dem Begriff *domain* in der *Relations Language*.

Domänen-spezifische Sprache — In einer Domäne gibt es in der Regel einen speziellen Sprachgebrauch. Sofern diese Sprache in Form einer formalen spezifiziert ist, sprechen wir von einer Domänen-spezifischen Sprache (*domain specific languge*, DSL).

`domain` — Eine Domäne beschreibt eine Menge von Elementen der Modellkandidaten, die konkret Gegenstand der Relationen sind. In einer Domäne werden die korrekten Ausprägungen der Modellelemente in Form von Regeln oder Mustern (*domain patterns*) beschrieben.

`domain, checkonly d.` — Eine *checkonly domain* ist eine Domäne, die nur geprüft wird. Es findet keine Objekterzeugung statt.

`domain, enforce d.` — Eine *enforce domain* ist eine Domäne, bei der die Gültigkeit der Bedingungen erzwungen wird, wenn sie nicht bereits vorliegt. *enforce domains* dienen im Wesentlichen auch zur Erzeugung von Objekten im Zielmodell.

`domain, primitive d.` — Primitive Domänen sind Domänen, die nur aus einer Signatur bestehen, die also nicht über ein Domänenmuster verfügen.

Primitive Domänen dienen als Platzhalter für spezielle Domänenausprägungen, die als Argumente von Relationen weitergereicht werden können.

expression, template e.

Eine *template expression* ist ein Ausdruck in einem *domain pattern*, mit dem Modellelemente von Quell- und Zielmodellen zueinander in Beziehung gebracht werden. Sofern es zu der Relation **`where`**-Klauseln gibt, wird eine *template expression* nur dann ausgeführt, wenn die durch die **`where`**-Klausel spezifizierte Invariante erfüllt ist. *template expressions* untergliedern sich in *object template expressions* oder *collection template expressions*.

expression, collection template e.

Eine *collection template expression* beschreibt ein *pattern*, welches sich auf eine bestimmte Menge von Variablen bezieht, die nicht Objekte von Modellelementen sind. Hierbei kann es sich um atomare Variablen oder um Variablen von Mengentypen (**Collections**) handeln.

expression, object template e.

object template expressions spezifizieren ein *pattern*, welches sich ausschließlich auf Objekte, einfache Elemente aus den referenzierten Modelltypen, bezieht. Die Objekte, die Gegenstand der *object template expressions* sind, werden als *object templates* bezeichnet.

expression, function call e.

Eine *function call expression* ist ein OCL-Ausdruck, mit dem eine Hilfsfunktion aufgerufen wird. Die Argumente eines Funktionsaufrufs ergeben sich aus den formalen Parametern der Deklaration der Funktion. Funktionsaufrufe können aus **`where`**-Klauseln heraus erfolgen.

expression, relation call e.

Eine *relation call expression* ist ein OCL-Ausdruck, der einem Relationsaufruf impliziert. *Non-top-level*-Relationen müssen zum Beispiel explizit durch *relation call* zur Ausführung gebracht werden und zwar in **`where`**-Klauseln. *top-level*-Relationen können – in **`when`**-Klauseln – explizit aufgerufen werden. Die Argumente eines *relation calls* ergeben sich aus den Domänen der Relation.

Extension

Extension ist die Beziehung eines Stereotyps mit einer Metaklasse des UML2-Metamodells. Mit *Extension* wird zum Ausdruck gebracht, dass Klassen eines UML-Modells mit dem Stereotyp markiert werden können, der über eine *Extension*-Beziehung der entsprechenden Metaklasse zugeordnet ist.

`function`	Eine **`function`** ist eine seiteneffektfreie Operation in einer Transformation. Das heißt, Funktionen haben nicht direkt Auswirkungen auf Modelle. Funktionen bestehen aus einer OCL-Anweisung. Alternativ ist es möglich, dass Funktionen durch eine *BlackBox*-Implementierung realisiert werden. Funktionen können Parameter besitzen.
Interface, Home I., Remote I.	Ein *Interface* ist die Schnittstelle einer Komponente. In *Interfaces* werden die inneren Bestandteile der Komponente angeboten, die diese nach außen zur Verfügung stellt, zum Beispiel die *getter*- und *setter*-Methoden. In der *Entity Java Bean*-Spezifikation sind verschiedene Standard-Interfaces definiert, die eine korrekte *SessionBean* oder *EntityBean* realisieren muss. Hierbei handelt es sich um das *HomeInterface* mit den Methoden zum Erzeugen und Verwalten der *Bean* und das *RemoteInterface*, in dem die öffentlichen Businessmethoden der *Bean* angeboten sind.
`key`	Ein **`key`** definiert eine Menge von *Properties* einer Klasse, die eindeutig Instanzen der Klasse identifiziert. Mit der Einführung von **`keys`** wird die Generierung von duplikaten Elementen des Zielmodells verhindert. Eine Klasse kann mehrere **`keys`** besitzen.
matching, pattern m.	Die Beschreibung korrekter – besser gültiger – Modelle oder Modellelemente innerhalb einer Relation erfolgt mittels Mustern (*patterns*). Das Prüfen der Validität von Quellmodellen (**`checkonly`**) und das Herstellen von korrekten Zielmodellen (**`enforce`**) ist ein Vorgang, der als *pattern matching* bezeichnet wird.
Metaklasse	Metaklasse ist eine Klasse eines Metamodells.
Metamodell	Ein Metamodell ist ein Modell, mit dem eine formale Modellierungssprache spezifiziert wird. Ein Metamodell besteht aus einer abstrakten Syntax, in der die Elemente der Modellierungssprache beschrieben sind, und einer Semantik bestehend aus einer Menge von Regeln, die für den Gebrauch der Sprachmittel festgelegt worden sind. Im Sinne der MOF werden Metamodelle mit Hilfe von UML-Klassendiagrammen in ihrer Syntax beschrieben.
Modell	Ein Modell ist eine abstrakte Abbildung einer Realität unter Verwendung einer formalen Modellierungssprache.

	Modelle im Sinne der Transformation – *candidate models* – sind entweder Quellmodelle oder Zielmodelle.
Modelltyp	Ein Modelltyp ist ein benanntes und durch Parameter und Regeln eingegrenztes Metamodell. Modelltypen sind die Datentypen der Modelle, die Transformationen von Parametern mitgegeben werden können. Über Modelltypen werden die Typen der Modellelemente definiert, die in den Transformationen verwendet werden dürfen.
Object	Ein Objekt ist eine Variable, die in einer Relation ein Modellelement repräsentiert.
object creation	Die Erzeugung von Objekten oder Objektelementen innerhalb einer **`enforce`**-Domäne wird als (*inline*) *object creation* bezeichnet.
pattern	Ein *pattern* ist eine Menge von Variablendeklarationen und Prädikaten im Kontext eines Modells. Wenn *patterns* ausgewertet werden, resultieren Bindungen von Variablen an Objekte. *Pattern* wird manchmal auch als *domain pattern* bezeichnet; streng genommen ist *domain pattern* ein spezieller Unterbegriff von *pattern* – ein *pattern* ist allgemein, ein *domain pattern* ist speziell ein *pattern* innerhalb eine Domäne. Hier werden generell *pattern* und *domain pattern* wie auch Domänenmuster synonym verwendet.
predicate	Ein Prädikat ist ein Bool'scher Ausdruck, der zu einem *pattern* gehört. Ein Prädikat ist spezifiziert in einem OCL-Ausdruck, in dem die Variablen, die in dem *pattern* zugreifbar sind, referenziert werden.
Profil, UML-Profil	Ein UML-Profil ist ein Paket, in dem Stereotypen definiert sind und deren Zuordnungen, *Extension*, zu UML2-Metaklassen. Mit UML-Profilen sind Domänen-spezifische Spezialisierungen des UML2-Metamodells möglich.
property template item	Ein *object template* innerhalb einer *object template expression* wird konkret beschrieben durch einen oder mehrere *property template items*. Dies sind gewissermaßen die *Slots* eines Objektes innerhalb eines *patterns*.
rekursiver Abstieg	Das Prinzip des rekursiven Abstiegs ist ursprünglich im Compilerbau beschrieben worden. Die Grammatiken von höheren Programmiersprachen sind in der Regel hierarchisch aufgebaut.

Eine Technik des Parsens und Compilierens von Programmen besteht darin, dass in Anlehnung an die Grammatik Prozeduren implementiert werden, die sich gegenseitig aufrufen und so zu einer hierarchisch absteigenden Abarbeitungsfolge führen.

`relation` Eine Relation ist das grundlegende Element der *Relations Language*, um das Verhalten von Transformationen zu beschreiben. Relationen sind spezielle Regeln (Subklasse von *rule*). Mit ihnen werden die Beziehungen festgelegt, die für die Modellkandidaten einer Transformation gelten sollen. Relationen können durch Vorbedingungen (**`when`**-Klauseln) und Invarianten (**`where`**-Klauseln) eingegrenzt werden.

`relation, top r.` Es gibt spezielle Relationen, *top-level*-Relationen, die gewissermaßen die Einstiegspunkte in relationale Modelltransformationen bilden. Die Ausführung einer Transformation bedeutet, dass alle *top-level*-Relationen direkt ausgeführt werden – sofern es entsprechende Elemente in dem Quellmodell gibt. *Non-top-level*-Relationen müssen zur Ausführung explizit aufgerufen werden.

RelationDomainAssignment Mit einem *RelationDomainAssignment* wird innerhalb einer Relation eine Domänenvariable mit einem gültigen Wert versehen, abhängig von der Ausführung des Domänenmusters.

RelationImplementation Eine *RelationImplementation* bezeichnet eine in einer externen Programmiersprache vorgenommene *Black-Box*-Implementierung, um eine **`enforce`**-Domäne einer Relation mit anderen Mitteln zu realisieren. Die externe Transformationsroutine ist für die entsprechenden Änderungen an dem Zielmodell zuständig. Die Signatur der Funktionen kann aus der Spezifikation der **`enforce`**-Domäne abgeleitet werden.

RelationalTransformation Eine *RelationalTransformation* ist eine Modelltransformation, die ausschließlich Konstrukte der QVT *Relations Language*-Sprache verwendet. Transformationen können ansonsten hybrid unterschiedliche Sprachkonzepte miteinander mischen (was im Allgemeinen noch nicht von Werkzeugherstellern unterstützt wird).

root object
: Ein *root object* ist eine spezielle Variable in einer Domäne, die stets ein bestimmtes Element eines Modellkandidaten repräsentiert. Dieses Element mit seinen Subelementen und Eigenschaften ist Gegenstand der Domänenmuster.

rule
: Mit Regeln wird beschrieben, wie Modellelemente einer Domäne in korrekter Weise zusammengehören, bzw. wie Modellelemente in Zielmodellen in korrekter Weise erzeugt werden können. Regeln werden in Form von OCL-Anweisungen formuliert. Regeln können redefiniert und überschrieben werden. Dies hat ein Überschreiben der entsprechenden Relation zur Folge (**`relation`** `name` **`overrides`** `name`).

slot
: Mit *slots* werden Wertzuweisungen von Variablen oder Objekten modelliert. *Slot* ist ein Begriff aus der UML2 im Kontext *InstanceSpecification.*

shorthand
: Mit *shorthand* wird in OCL ein Konstrukt bezeichnet, bestimmte häufig verwendete Anweisungen vereinfacht zu notieren. Zum Beispiel ist die Punktnotation ein *shorthand* für die Anwendung der **`collect`**()-Standardfunktion. [<name>] ist ein *shorthand* für die Anwendung der **`isKindOf`**()-Standardfunktion.

Stereotyp
: Ein Stereotyp ist eine Klasse, mit der im UML2-Metamodell bestimmte domänenspezifische Markierungen und Merkmale definiert werden können.

`transformation`
: Eine **`transformation`** definiert, wie eine Menge von Quellmodellen überführt werden kann in eine Menge von Zielmodellen. Das Verhalten der Transformation wird durch eine Menge von Regeln (*rules*) bestimmt. Die Modelle werden als Instanzen von Modelltypen über Parameter spezifiziert.

`transformation`, *bidirectional*
: Bidirectionale Transformationen sind Transformationen, die Modelle A vom Typ MA in Modelle B vom Typ MB überführen und mit der gleichen Transformation zurück von B nach A (A:MA → B:MB, B:MB → A:MA). Eine bidirectionale Transformation ist injektiv, aber nicht bijektiv. *Relations Language* hat das Potential, bidirectionale Transformationen zu spezifizieren.

`transformation`, *unidirectional*	Unidirectionale Transformationen sind Transformationen nur in eine Richtung, also Modelle A vom Typ MA werden nach Modellen B vom Typ MB transformiert und nicht zurück. Die imperative QVT-Sprache *Operational Mappings* ermöglicht ausschließliche unidirectionale Transformationen.
variable	Variablen sind benannte und veränderbare Elemente einer Relation. Hierbei handelt es sich um individuelle Elemente oder um Modellelemente (Objekte oder Objekt-*Properties*). Individuelle Elemente repräsentieren einfache oder strukturierte OCL-Datentypen.

Abkürzungsverzeichnis

ANSI	*American National Standards Institute*
BPMI	*Business Process Modeling Initiative*
BPMN	*Business Process Modeling Notation*
CIM	*Computational Independent Model*
DIN	Deutsches Institut für Normung
DSL	*Domain Specific Language*
DV	Datenverarbeitung
Ecore	EMF-Core, das interne Format zur Darstellung von Modellen im EMF
EJB	*Entity Java Beans*
EMF	*Eclipse Modeling Framework*
EMOF	Essential MOF, das Format zur Darstellung von Metamodellen im MOF
EPL	*Eclipse Public License*
EVA	Eingabe – Verarbeitung – Ausgabe
FK	*Foreign Key*
IEEE	*Institute of Electrical and Electronics Engineers*
IM	*Implementation Model*
ID	*Identifier*
ISO	*International Organization for Standardization*
IT	Informationstechnologie
JMI	*Java Metadata Interchange*

M2M	*Model-to-Model Transformation (Modelltransformation)*
M2T	*Model-to-Text Transformation (Codegeneration)*
MDA	*Model Driven Architecture*
MDSD	*Model Driven Software Development*
MDT	*Model Development Toolkit*
MOF	*Meta Object Facility*
MQVT	Medini *QVT*
OCL	*Object Constrained Language*
OM	*Operational Mappings*
OMG	*Object Management Group*
PIM	*Platform Independent Model*
PK	*Primary Key*
PSM	*Platform Specific Model*
QVT	*Query Views Transformation*
QVT-O	QVT *Operational Mappings*
QVT-R	QVT *Relations Language*
RCP	*Rich Client Platform*
RDBM	*Relational Database Model*
RL	*Relations Language*
SQL	*Structured Query Language*
SQVT	SmartQVT
SMDA	*Simple MDA Project*
SW	*Software*
SWE	*Software*-Entwicklung
UML	*Unified Modeling Language*
URI	*Unified Resource Identifier*
VHIT	Vom-Hirn-ins-Terminal
XMI	*XML Metadata Interchange*
XML	*Extensible Markup Language*

Quellenverzeichnis

Literatur

[Aho85] Aho A, Lam M, Sethi R, Ullman J: Compilers – Principles, Techniques, and Tools. Pearson, 1985

[Aho08] Aho A, Sethi R, Ullman J: Compiler – Prinzipien, Techniken und Werkzeuge. Pearson Studium, 2008

[Ake01] Akehurst D, Behzad, B: On Querying UML Data Models with OCL. In: Proceedings of the 4th International Conference on The Unified Modeling Language, Modeling Languages, Concepts, and Tools, Springer, 2001

[Bal00] Balzert H: Lehrbuch der Software-Technik – Software-Entwicklung. Spektrum Akademischer Verlag, Berlin, Heidelberg, 2000

[Bau68] Bauer FL et al: Software Engineering; Proceedings of the NATO Conference on Software Engineering. Garmisch Partenkirchen, 1968

[Bau93] Bauer FL: Software Engineering – wie es begann. Informatik-Spektrum16, Springer, 1993

[Béz05] Bézevin J: On the Unification Power of Models. Software and Systems Modeling, 4(2), 2005

[Boe76] Boehm BW: Software Engineering. IEEE Transactions on Computers, Vol. 25, No 12, 1976

[Boe81] Boehm BW: Software Engineering Economics. Prentice Hall, 1981

[Boe86] Boehm BW: A Spiral Model of Software Development and Enhancement. Software Engineering Notes, Vol. 25, No 4, 1986

[Boo91] Booch G: Object-oriented Design with Applications. Benjamin/Cummings, 1991

[Boo94a] Booch G: Object-oriented Analysis and Design with Applications. Benjamin/Cummings, 1994

[Boo94b] Booch G: Objekt-orientierte Analyse und Design; mit praktischen Anwendungen. Addison-Wesley, 1994

[Boo05a] Booch G, Rumbeaugh J, Jacobson I: The Unified Modeling Language User Guide. Addison-Wesley, 2005

[Boo05b] Booch G, Rumbeaugh J, Jacobson I: Das UML Benutzerhandbuch. Addison-Wesley, 2005

[Bor03] Born E, Holz E, Kath O: Softwaredevelopment mit UML2. Addison-Wesley, 2003

[Bud04] Budinsky F, Ellersick R, Grose T, Merks E, Steinberg D: Eclipse Modeling Framework. the eclipse series, Addison-Wesley, 2006

[Bun08] Bunse C, v. Knethen A: Vorgehensmodelle kompakt. Spektrum Akademischer Verlag, 2008

[Bur06] Burke B, Monson-Haefel R: Enterprise JavaBeans 3.0. O'Reilly, 2006

[Che76] Chen P: The Entity Relationship Model, Toward a Unified View of Data. ACM Transactions on Database Systems, Vol.1, 1976

[Cle06] Clayberg E, Rubel D: Eclipse – Building Commercial Quality Plug-Ins. the eclipse series, Addison-Wesley, 2006

[Coa91a] Coad P, Yourdon E: Object Oriented Analysis. Prentice-Hall, 1991

[Coa91b] Coad P, Yourdon E: Object Oriented Design. Prentice-Hall, 1991

[Cod83] Codd EF: A Relational Model of Data for Large Shared Data Bank. Commun. ACM 26(1), 1983

[Cod90] Codd EF: The Relational Model for Database Management. Addison-Wesley, 1990

[Col06] Colomb et al: The Object Management Group Ontology Definition Metamodel. Ontologies for Software Engineering and Software Technology, Springer 2006

[Cza00] Czarnecki K, Eisenecker U: Generative Programming – Methods, Tools, and Applications. Addison-Wesley, 2000

[Dat98] Date CJ, Darwen H: Foundation for Object/Relational Databases – The Third Manifesto. Pearson Professional Education, 1998

[Dat99] Date CJ: An Introduction to Database Systems. Addison-Wesley, 1999

[Dau08] Daum B: Java-Entwicklung mit Eclipse 3.3; dpunkt Verlag, 2008

[Dud04] Duddy K, Gerber A, Lawley M, Raymond K: Language Features for Re-Use and Maintainability of MDA Transformations. OOPSLA & GPCE Workshop, 2004

[Frie08] Friedrich J, Hammerschall U, Kuhrmann M: Das V-Modell XT. Springer, 2008

[Gron08] Gronback RC: Eclipse Modeling Project: A Domain-Specific Language Toolkit. Addison Wesley Professional, 2008

[Gru06] Gruhn V, Pieper D, Röttgers C: MDA - Effektives Softwareengineering mit UML2 und Eclipse. Springer, 2006

[Hes06] Hesse W: More Matters on (Meta)Modeling. Software And Systems Modeling, 4(2), 2006

[IEEE1471] IEEE Recommended Practice for Architectural Description of Software-Intensive Systems. Architecture Working Group of the Software Engineering Standards Committee of the IEEE Computer Society, New York, 2000

[Ihn07] Ihns O, Harbeck D, Heldt S, Koschek H: EJB3 professionell. dpunkt Verlag, 2007

[Kec06] Kecher C: UML 2.0 – Das umfassende Handbuch. Galileo Computing, 2006

[Kle03a] Kleppe A, Warmer J, Bast W: MDA Explained – The Model Driven Architecture: Practise and Promise. Addison-Wesley, 2003

[Kle03b] Kleppe A, Warmer J: The Object Constrained Language, Getting your Models ready for MDA. Addison-Wesley Professional, 2003

[Kor08] Korff A: Modellierung von eingebetteten Systemen mit UML und SysML. Spektrum Akademischer Verlag, 2008

[Kue06] Kühne T: Matters on (Meta)Modeling. Software And Systems Modeling, 4(2), 2006

[LNCS07] Lecture Notes in Computer Science; Model Driven Engineering Languages And Systems. Springer, 2007

[Lud03] Ludewig J: Models in Software Engineering – an Introduction. Software And Systems Modeling, 2(1), 2003

[Mar92] Martin J, Odell JJ: Object Oriented Analysis And Design. Prentice Hall, Englewood Cliffs, 1992

[Mca05] McAffer et al: Eclipse – Rich Client Platform. Addison-Wesley, 2005

[Mel02] Mellor SJ, Balcer, MJ: Executable UML – A Foundation for Model Driven Architecture. Addison-Wesley, 2002

[Mel04] Mellor SJ, Kendall S, Uhl A: MDA Destilled. Addison-Wesley Professional, 2004

[Nol07] Nolte S: Modelle und Metamodelle im Eclipse-Kontext. Objekt-Spektrum, Heft 6, 11/12.2007

[Nol08a] Nolte S: Eclipse steht Modell - Anwendung eines MDA-Konzeptes auf der Eclipse Plattform. EclipseMagazin, Band 15, 3.2008

[Nol08b] Nolte S: Modelle und Transformationen - eine pragmatische Betrachtung der MDA QVT. ObjektSpektrum, Heft 5, 08/2008

[Oes95] Österle H: Business Engineering – Prozess- und Systementwicklung. Springer, 1995

[Pet06] Petrasch R, Meimberg O: Model Driven Architecture. dpunkt Verlag, 2006

[Rum91] Rumbeaugh J, Blaha M, Premerlani W, Eddy F, Lorenson W: Object-Oriented Modeling and Design. Prentice-Hall,1991

[Rum93] Rumbeaugh J, Blaha M, Premerlani W, Eddy F, Lorenson W: Objekt-Orientiertes Modellieren und Entwerfen. Hanser Verlag,1993

[Rum04] Rumpe B: Modellierung mit UML. Springer, 2004

[Sei03] Seidwitz E: What Models Mean. IEEE Software, 20(5), 2003

[Sha04] Shavor et al: Eclipse, Anwendungen und Plugins mit Java entwickeln. Addison-Wesley, 2004

[Sta73] Stachowiak H: Allgemeine Modelltheorie. Springer, 1973

[Sta07] Stahl T, Völter M, Efftinge S, Haase A: Modellgetriebene Softwareentwicklung. dpunkt Verlag, 2007

[Ste07] Stevens P: Bidirectional model transformations in QVT. Proc. of the 10th Int. Conf. on Model Driven Engineering Languages and Systems, in Lecture Notes in Computer Science, Springer, 2007

[Wei08] Weilkins T: Systems Engineering mit SysML/UML. dpunkt Verlag, 2008

Referenzen im Internet

[AMDA] AndroMDA; http://www.andromda.org (letzter Abruf 12.2008)

[ATL] ATLAS Transformation Language; http://www.eclipse.org/m2m/atl/ (letzter Abruf 12.2008)

[BPMI] Business Process Modeling Initiative; http://www.bpmi.org/ (letzter Abruf 12.2008)

[BPMN] Business Process Modeling Notation; http://www.bpmn.org/ (letzter Abruf 12.2008)

[ECL] Eclipse: http://www.eclipse.org/ (letzter Abruf 12.2008)

[EMF] Eclipse Modeling Framework: http://www.eclipse.org/emf/ (letzter Abruf 12.2008)

[EPL] Eclipse Public License; http://www.eclipse.org/legal/epl-v10.html (letzter Zugriff 12.2008)

[M2T] MOF Model2Text Transformation; http://www.omg.org/spec/MOFM2T/ (letzter Abruf 12.2008)

[MAG] MagicDraw von NoMagic; http://www.magicdraw.com/ (letzter Abruf 12.2008)

[MDA] Model Drive Architecture; http://www.omg.org/mda/ (letzter Abruf 12.2008)

[MDA03] MDA Guide, 2003; http://www.omg.org/docs/omg/03-06-01.pdf (letzter Abruf 12.2008)

[MDTOCL] Eclipse OCL Project; http://www.eclipse.org/modeling/mdt/?project=ocl#ocl (letzter Abruf 12.2008)

[MDT] Eclipse Modeling Tools; http://www.eclipse.org/modeling/mdt/ (letzter Abruf 12.2008)

[MOF] Meta Object Facility; http://www.omg.org/mof/ (letzter Abruf 12.2008)

[MQVT] medini QVT; http://projects.ikv.de/qvt (letzter Abruf 12.2008)

[M2M] Eclipse Model to Model Project; http://www.eclipse.org/modeling/m2m (letzter Abruf 12.2008)

[M2T] Eclipse Model to Text Project; http://www.eclipse.org/modeling/m2t (letzter Abruf 12.2008)

[OAW] openArchitectureWare; http://www.openarchitectureware.org (letzter Abruf 12.2008)

[OCL] Object Constraint, Language; http://www.omg.org/technology/documents/formal/ocl.htm (letzter Abruf 12.2008)

[QVT] MOF Query Views Transformation; http://www.omg.org/spec/QVT/1.0/ (letzter Abruf 12.2008)

[QVTO] QVT Operational; http://wiki.eclipse.org/M2M/Operational_QVT_Language_%28QVTO%29 (letzter Abruf 12.2008)

[SMDA] Simple MDA Project; http://www.siegfried-nolte.de/forum/mda/smda.html (letzter Abruf 12.2008)

[SQVT] SmartQVT; http://smartqvt.elibel.tm.fr/doc/index.html (letzter Abruf 12.2008)

[SysML] Systems Modeling Language; http://www.omgsysml.org/ (letzter Abruf 12.2008)

[TOP] Topcased; http://topcased-mm.gforge.enseeiht.fr/website/modeling/uml/download.html (letzter Abruf 12.2008)

[TOPDOC] Topcased Documentation; http://topcased-mm.gforge.enseeiht.fr/website/modeling/uml/documentation.html (letzter Abruf 12.2008)

[UML] Unified Modeling Language; http://www.uml.org/ (letzter Abruf 12.2008)

[UML2] UML Superstructure and Infrastructure; http://www.omg.org/spec/UML/2.1.2/ (letzter Abruf 12.2008)

[XMI] XML Metadata Interchange; http://www.omg.org/spec/XMI/ (letzter Abruf 12.2008)

[ZOO1] Metamodelle in km3-Format und im Ecore Format; http://www.emn.fr/x-info/atlanmod/index.php/Zoos (letzter Abruf 12.2008)

[ZOO2] Metamodelle in km3-Format und im Ecore Format; http://apps.eclipse.org/gmt/am3/zoos/atlanticZoo/ (letzter Abruf 12.2008)

Index

GPSR Compliance

The European Union's (EU) General Product Safety Regulation (GPSR) is a set of rules that requires consumer products to be safe and our obligations to ensure this.

If you have any concerns about our products, you can contact us on ProductSafety@springernature.com

In case Publisher is established outside the EU, the EU authorized representative is:

Springer Nature Customer Service Center GmbH
Europaplatz 3
69115 Heidelberg, Germany

Batch number: 10111949

Printed by Printforce, the Netherlands